生活勵志
065

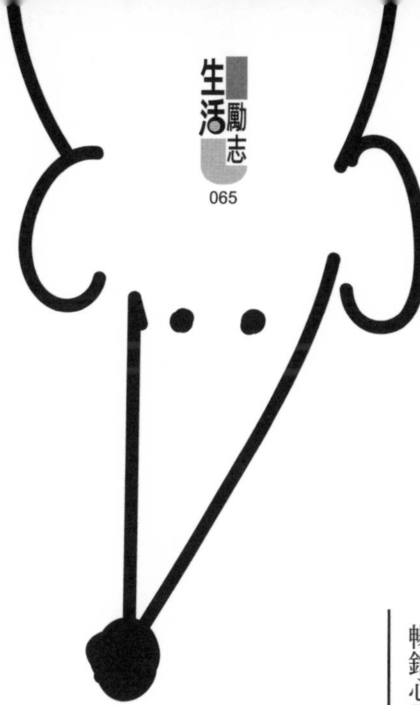

「不需要」就是9成煩惱的解藥

暢銷心靈作家　何權峰

高寶書版集團
gobooks.com.tw

前言

「不需要」，就是解藥

何權峰

如果你檢查一下憤怒、恐懼和問題，你會發現它們永遠是奠基於欲望。包含所有你期待的、你想擁有的、你想改變的、你希望得到的。

想想看，你為某事生氣，為什麼生氣？是不是你沒得到預期的東西；或者你想做某件事，某人阻撓了你，你的欲望受到阻礙，你才生氣？

當你想改變某人某事，結果還是老樣子，你就失望受挫；你想得到某些東西，或是怕失去它們，你就會擔憂恐懼、患得患失，對嗎？

簡言之，只要不欲求，不期待，那麼你的煩惱就會消失。

*

有了這樣的領悟，這些年，我不再期待別人應該怎麼對我，同事應該瞭解我的苦心，老闆應該知道我的努力，孩子應該聽我的話，伴侶應該配合我……當我們期望對方這麼做、要求就會變多。自己若這麼想，對方自然也會那麼想。由於指望他人，當期望落空時，就會產生埋怨、不悅的情緒。

我和太太已經講好，只要嘴巴或腦海裡出現：「他（她）應該！」立刻提醒自己：「不需要！」此後我們幾乎沒爭吵過，也從未因管教子女問題起衝突。

當你看到某人沒聽你的話，你不會生氣，因為你「不需要」他聽你的。

當你沒有得到某人肯定，你不會受傷，因為你「不需要」他的肯定。

當你沒得到你想要的東西，你不會難過，因為你「不需要」得到它。

想過嗎？為什麼你一定要得到某個東西？一定要改變某人？一定要如此成功完美？一定要心想事成、萬事如意？當你「不需要」，會失去什麼？你會失去的唯一東西就是痛苦而已。

像前陣子有一則新聞，某個演唱會門票瘋狂熱賣，搶票爭執不斷，甚至有人因此大打出手，而我沒興趣，如同生菜沙拉之於老虎——「不需要」，就是解藥。

*

想起《波麗安娜：神奇的開心遊戲》書裡有位小女孩波麗安娜。生活窮困的波麗安娜很想要一個洋娃娃，可是當牧師的父親買不起，只好寫信給教友，希望有人能捐獻一個洋娃娃給波麗安娜。可是當捐獻物資送到時，裡面沒有洋娃娃，只有一根小枴杖。波麗安娜非常地失望！就是從這個時候開始，父親教她玩「開心遊戲」。開心遊戲是父親送給波麗安娜最珍貴的人生禮物！會玩這個遊戲，無論發生什麼事，都可以找到開心的理由。

當然，她們找到了：「原來我不需要它，一樣也可以很開心！」

是的，重點就在這裡。想活得快樂，不是要得到欲求的東西，而是要讓自己「沒它也行」，千萬不要認為，世界上有什麼東西是非它不可。

人要活得開心，「不需要」想太多，「不需要」太計較，「不需要」太完美，「不需要」太在意……「不需要」，就是九成煩惱的解藥。

目錄

Part 5 ／ 情緒作主，快樂作陪

Part 6
享受慢活，生活更快活

Part 7
別忘了，那個微笑的自己

Part 1

正面心態，不期待

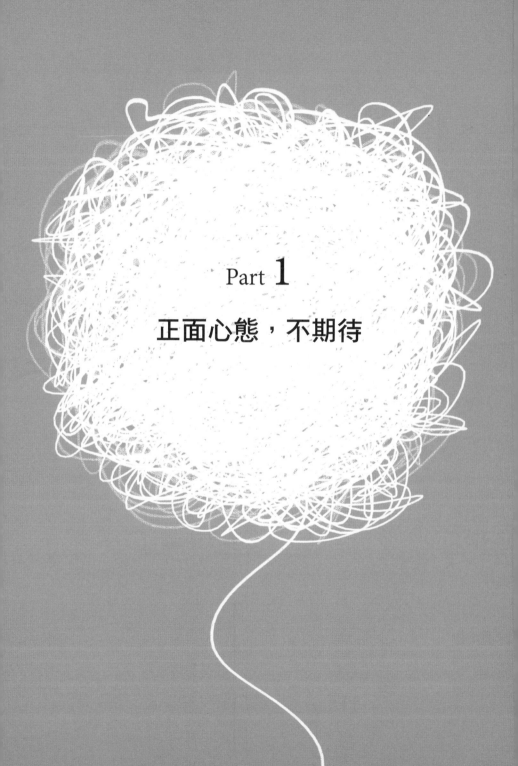

這樣也好

如果發生一件跟我們所想不一樣的事情時，我會說「這樣也好」，這句話就像變魔術般，能讓負面情緒瞬間轉變。

例如，我請助理幫我買咖啡，可是買回來的卻是茶。如果我說，「你是怎麼聽的，我不是說買咖啡嗎？」想必雙方都不開心。但我會說「這樣也好」，然後腦中開始尋找理由，像是「這樣也好！茶可以消脂解膩，剛好我今天吃太多。」失望的心情也隨即釋懷。

你可以說，這方法是「逆向思考」，也可以稱它為「正念咒語」。

電梯維修，這樣也好，爬樓梯可以運動健身。

週末下雨，這樣也好，可以看電影、整理房子，打電話給朋友。
主管很嚴，這樣也好，可以磨練耐心，精益求精。
吃虧上當，這樣也好，可以了解人性、學聰明。
外地就學，這樣也好，可以學習獨立自主。
落魄潦倒，這樣也好，可以知道誰才是真的朋友。
拒絕往來，這樣也好，不必再虛情假意，為難彼此。
勞燕分飛，這樣也好，本來就不適合，分開了也好。

＊

曾讀過一則報導，紐約的某處隧道因故塌陷，警員奮力救起了一位左腳微跛的老人。
「你還好吧？」這名警員在問他時，發現他正巧還是自己的鄰居。
「這樣也好，今後我的兩隻腳再也不會不平衡啦！」老人笑著答道。

「難道你的左腳好了？」警員驚訝地問。

「不是，是我的右腳也跛啦！」

＊

以前一位同事，他被人惡性倒會，平白損失了五十萬，其他的「會腳」都氣得跳腳，紛紛準備對「會頭」提出法律告訴，他反而一副老神在在的模樣，他甚至告訴別人：「這樣也好，至少以後每個月可以少付兩萬元。」

引述德國作家艾克哈特．托勒的話：**「無論當下發生什麼，請接受它，如同你由衷地選擇它一般。」**

放暑假，計畫帶孩子到杉林溪來趟生態之旅。太太查詢後說：「那裡鬱金香、杜鵑花和牡丹的花期都已經過了，而繡球花季又還沒開始。」

我說：「這樣也好，就不會有人潮塞車，更輕鬆自在。」

事隔幾天，我們臨時不得不取消旅遊，因為有颱風警報。

太太故意調侃：「這樣也好？」

我說：「是啊！這樣也好，不單可以省錢，孩子還有更多時間可以準備功課。」

#有時你會覺得事實很難改變，但只要轉個念頭，馬上就海闊天空。

學會隨緣自在

在日常生活中，經常聽到許多人在抱怨自己不開心，境遇不順……環境不好……菜色太差……頭髮亂翹……外面好吵……天氣好熱，蚊蟲好多……事情這樣不對，那樣不好……。但是我們一直不滿現況，又如何開心？

如果你曾去露營，就會知道自己能期待的事不多。在那裡烹飪，洗澡都不便，睡覺的床、桌椅也沒家裡舒適，更別提有沒有電視、冰箱、沙發，但卻很少聽到有人抱怨。怎麼回事？

因為我們放下了平時要求事情的方式——**沒有一定要怎樣才對，沒有一定要怎樣才好時，反而讓我們體驗不同的樂趣。**

*

有一年冬天，我到瑞典開會，在飯店認識一對從台灣來自助旅遊的老夫妻。

我心想，他們每天吃牛肉丸、義大利麵、喝咖啡，看的都是美術館和博物館，而且斯德哥爾摩以多島多橋著稱，常常過一個橋就是另一個島，要走遍並不容易。加上當時冬天氣溫約零下十度，老人家應該很不適應。

閒聊之後發現，果然老夫妻對參觀景點沒概念，對當地的食物和氣候也在調適中。可是出乎我意料之外，他們玩得很高興。

早餐的三明治和咖啡、晚餐的麋鹿肉吃不慣沒關係，他當成新鮮的嘗試；美術館和博物館看不懂沒關係，他當成出來運動；天氣嚴寒，讓他們有理由送大衣給對方。

隨遇而安的妙處由此可見。當你得到想要的東西，那很好；如果沒得到呢，也沒關係；當結果是你希望的，去享受它，如果結果不是你期望的，也去喜歡它。**隨緣就自在，自在心歡喜。**

*

說一則故事：

有一位禪僧在旅途中想找個地方過夜。村裡的人告訴他山上有一間古寺，他抵達山上一看，原來是間搖搖欲墜的荒廢破廟，但他仍然決定在這裡過夜。禪僧把地板的木頭拆下來，放進地爐燃燒取暖。

這時，地爐上方稀稀落落地飄下落葉。他抬頭往上看，原來屋頂破了一個洞，明亮的夜光照射進屋內，灑落在他身上。

一般人遇到這種情況，大概會感嘆，多麼落魄的夜晚。

但那位禪僧卻愉快地說：「連月光都來祝福我與此廟，今晚能睡於此地，幸矣。」

這世界本來就沒有十全十美。我們永遠不會到達一個地方，在那裡一切都盡善盡美。人生要學會隨緣，才會活得自在。像有次到福壽山天池，突然下雨，原本覺得掃興；卻發現下雨有一股朦朧美，霧氣籠罩整個山頭，身在雲霧繚繞山林間，有如置身世外桃源，極富詩意。

「真美，這真是一次美好的旅行！」

#要擁有美好的生活，並不需要改善什麼，而是要放下那個念頭，那麼當下就是美好的。

不需要每個人都喜歡我

一位讀者問：我喜歡的男生說他不喜歡我，讓我很受傷，差點想自殺，要怎麼做，才能讓他喜歡我呢？

感情本來就無法勉強，有些人你喜歡他，他卻不喜歡你；有人喜歡你，你卻不喜歡他。就像吃東西一樣，有人喜歡魚、有人喜歡肉、有人喜歡蔬果，正所謂眾口難調。

蔬果營養高雖有益健康，但未必獲得青睞。不被喜歡，並不是你不夠好，只是自己並非對方最喜歡、渴望的。

*

有個演員曾這麼比喻，如果她去參加試鏡沒有分配到角色時，她會告訴自己：「他們要找的是蘋果，而我是梨子。」

換句話說，她並不是難吃或壞掉的蘋果，而是一顆好梨子，只不過他們當時要的是蘋果罷了。這也是我想傳達的。

當面試沒被錄用，或公司縮減被裁員，人常會感到沮喪，懷疑自我價值；當失戀，愛人另結新歡，那種沮喪就更濃烈，嚴重的甚至會令人信心全失。但事實很可能——你是水果，也許對方愛吃肉，如此而已。

仔細想想，有誰真的是人見人愛？看看一些擁有大量粉絲的明星，例如瑪丹娜、強尼戴普、小賈斯汀或是周杰倫、蔡依林，有些人喜歡他們，有些人討厭他們。即使是美國總統候選人的希拉蕊和唐納川普，也有半數的選民對他們不滿。但那又怎麼樣？我想，如果他們有誰老擔心是否人見人愛，就不會獲得愛戴了。**他們都非常清楚一點是：不需要每個人都喜歡我。**

＊

做真實的自己，有些人會喜歡你，有人或許不會。然而，你為什麼要花時間去在意那些對你沒興趣的人呢？如果別人婉拒了，難道就表示你沒有價值嗎？還是說，是他們錯失了一生的良機？

永遠不要妄想為了討好那些不喜歡你的人而改變。因為不喜歡你的人，你變得怎樣他都不喜歡。不管你怎麼改變，也不會讓人人都滿意。

試想，如果有人愛喝可樂，不喜歡果汁；你把果汁加更多糖，或加水稀釋，他們就會喜歡嗎？不，當失去「原汁原味」，可能連喜歡果汁的人都不愛了。

#別妄想所有的人都喜歡你，那是不可能的。你也不是喜歡這世上的所有人，怎麼可能所有人都喜歡你？

接受別人與自己不同

我真是看不慣他做事慢吞吞……我真是看不慣他婆婆媽媽……我真是看不慣他講話沒大沒小……我真看不慣他花錢的方式……我真是看不慣他做事沒計畫……

為什麼看不慣別人？因為你已經有特定的習慣——「應該怎麼做」、「這樣才是對的」、「一定要這樣」。當我們以這種先入為主的觀念看待人和事時，無可避免地會和人起衝突。當事情沒照自己的期待進行就會不高興、擺臭臉。只要看不慣，就會不滿批判，問題也於焉而生。

＊

一對夫婦常為吃蘋果發生口角。

妻子怕皮沾了農藥，吃後中毒，一定要把皮削掉；而丈夫則認為皮有營養，把皮削掉太可惜。常吃蘋果，就常吵架。最後，竟吵到他倆的老師家去斷是非。

老師對妻子說：「妳先生這麼多年都吃不削皮的蘋果，還好好的，妳擔心什麼？」

老師對丈夫說：「你太太不吃蘋果皮，你嫌她浪費，那你就把她削的皮拿去吃，不就沒有事了！」

老師還說：「由於家庭環境不同，成長過程不同，每個人的生活習慣也會有所不同。因此，不要勉強別人來認同自己的習慣，同時，也要寬容別人的習慣。」小倆口聽了會心一笑。

有人牙膏從前面擠，有人習慣從後面；有人喜歡出門逛街，有人喜歡在家看電視，並沒有誰對誰錯；有人不喜歡做事急，有人討厭動作慢，有人看不慣生活懶散……這並不是別人有問題，而是我們「自以為是」的觀點看別人所產生的結果。

＊

以前，有個同事很懶散，開會遲到早退，做事拖拖拉拉，有些計畫明明期限快到了還一副逍遙的樣子。真是看不慣！漸漸地，我對他變得沒什麼耐心，說話也不客氣。

有一天，當我的火氣再度升起時，突然間一個念頭閃過：「這個辦公室有數十個人，卻只有我在為他的表現惱怒。事實上，大部分的人根本不知道有這回事，即使知道的人也不像我那麼在意。為什麼我會如此介意呢？」由於清楚看到惱怒的就是自己的執念，問題也煙消雲散。

通常，你看不慣的人也看不慣你，差別只在誰比較有尊重與包容的雅量。

曾遇過一位讀者，他很憤世嫉俗，抱怨女友在讀完我的書後，變得很有主見，他不能苟同。我並沒有堅持自己是對的，無所謂，不是每個人都會採納我的諫言。假如誰不同意我，嗯，反正咖啡也不是人人愛。

#有時候別人的不對，只是和我們的看法不同而已。你可以試著去分享你的想法和做法，但你不能強迫別人跟你一樣。

放下期待，不強求

你上一次滿懷期待的，是什麼？
是朝思暮想的出國旅遊？
是拆開精美包裝的生日禮物？
是凌晨起床等著看日出？
是跨年煙火的盡情歡樂？
還是，看到自己努力付出，可以喚回一點關心，可以得到多一點愛？

然後呢？當事情「不似預期」，你就會陷入「現實」與「期待」的落差，受挫折、失望、埋怨、不悅的情緒所苦，對嗎？

假設你在公司賣命工作，你相信年終將領一筆大紅包。於是你從十二月開始就在猜金額是多少，並計畫好如何使用這筆錢。結果很不幸，公司年終獎金少得可憐，不用說你必定大失所望，甚至憤憤不平。

你期望不同節日，男友對自己可以給點驚喜，等待一整天，卻得到對方冷淡的態度，連張卡片也沒有。你覺得心灰意冷，沮喪不已。

＊

簡言之，**有時之所以痛苦，並非因為壞事發生了，而是因為事情不盡如我們的預期**。如果我預期會贏得金牌，最後只拿到銀牌，我就會失望受挫。一個人期待愈高，就愈不容易快樂。

所以，每當不快樂時，別忘了先問自己：「這個情緒是怎麼來的？是不是因為我的期待才造成的？這些期待合理嗎？」在關係上遇到問題，問自己：「是不是我預期對方應該做什麼、應該怎麼對我？」我們越能覺察自己的期待，就越能看到問題的所在。

＊

人生有太多事無法盡如人意。不是每次到阿里山都會看見日出，不是每一次遙望蒼穹都會有星夜，不是每一次相遇都會有好姻緣，不是每一次碰撞都會產生花火，不是每個人你對他好他就對你好。

學著「放下期待」，放下「應該是什麼樣子」的概念，並不是不抱希望，而是不強求，不再操控你無法控制的人事物。

「我希望……，可是我不執著。」「我期待……，但是我不苛求。」當你保持一顆開放的心，不試圖把目標設定在擁有一個完美的旅程，一個夢幻的禮物，一個燦爛的夜晚，最後你反而擁有開心愉快的經驗。不強求，則海闊天空；不抱期待，反而處處都是驚喜。

#如果你硬要事情符合你的預期，那麼只要不合你意，就會變成問題；你若坦然接受任何當下發生的事，問題就不再是問題，只是單純的人生經驗。

把家人當外人

我們對外人，通常比對家人謙和有禮、耐心體貼。把最好的一面展示給外人，而最壞的一面留給家人。這是很奇怪的，我們不會對陌生人疾言厲色，對最親的人卻經常大呼小叫，我們會說出一些刻薄、侮辱、傷感情的話。在情緒不佳時，更是遷怒的對象。

為什麼？因為是家人，理所當然會包容，即使出言不遜，他們也不會計較、不會記恨；即使當出氣筒，也能獲得理解、體諒。也正因為是家人，可以肆無忌憚，一些禮貌教養的「客套」都省了。

所以，我常開玩笑說：**如果你想懲罰一個人，就是讓他成為你的家人。**

*

網路流傳一則故事：有個女子應邀到朋友家吃飯，與朋友同住的婆婆，讓她留下了深刻的印象，朋友的婆婆雖然年事已高，滿頭白髮，但仍把自己打點得高貴整潔，而且臉上始終帶著一抹微笑；她與媳婦之間的互動，只能用「相敬如賓」四個字來形容。

媳婦端茶水來，婆婆連忙說：「真是謝謝妳，麻煩妳了。」在餐桌上，婆婆對媳婦的手藝讚美連連，做媳婦的幫婆婆夾菜，婆婆更是不斷地道謝。

女子見狀不由得羨慕起好友，能有這麼一位禮貌且高雅的婆婆，更羨慕她們婆媳之間的互動。

用餐完畢，女子客氣地對朋友說：「真是謝謝妳招待我這麼一頓好菜。」

婆婆聽了，也連忙對媳婦說：「我也要謝謝妳做飯給我吃。」然而婆婆接下來說的話，卻讓女子聽得一頭霧水．婆婆說：「我又不認識妳，妳還對我這麼好，我真不知道該怎麼感謝妳？」

事後，女子忍不住問朋友，為什麼她的婆婆說出這樣奇怪的話？朋友這才說：「其實……我婆婆得了老人痴呆症，已經好多年都不認識我了。」

女子聽了不免一愣，但也只能安慰地說：「不過妳們之間的關係依然很好，這樣就夠了！」

「其實婆婆生病前，我們的關係劍拔弩張，無論我做什麼，她都嫌東嫌西，處處看我不順眼；直到她生病以後忘了我是誰，我們的關係才逐漸改善……」朋友嘆了口氣繼續說：「這其中的差異在於她生病前，把我當『家人』，她生病後，把我當『陌生人』啊！」

婆媳原本是外人，即使夫妻也是陌生人。我這樣講並沒有任何不敬的意思。相反的，如果你能如此看待，就不會有挫折和失望，因為你無法從一個陌生人那期待任何東西；你們將不會有衝突、不滿、怨恨和痛苦，因為你無法期待他們順從你、滿足你。

常有人問：「如何跟家人維持和諧親密的感情？」你可以試試看，把家人當外人，對待另一半像對待客戶——你會用心去建立關係，了解需求，尊重對方喜好，表現謙和有禮、耐心體貼，時時讚美，常說謝謝，如此，感情必定和諧親密。

#家人才是最真實的，對待家人的態度，顯示一個人真實的人品。家人才是最重要的，把家人當作最重要的客戶來經營，家庭必定和樂。

我應得，我多得

甲不喜歡吃雞蛋，每次發了雞蛋都給乙吃。

剛開始乙很感謝，只是，久而久之就成了習慣，習慣又變成理所當然。

直到有一天，甲將雞蛋給了丙，乙就勃然大怒。

他忘記了這個雞蛋本來就是甲的，甲想給誰都可以。

想想自己有沒有犯過這個謬誤，認為父母就應該對我好，應該給我生活費、零用錢、幫我買玩具、載我去上學；兄長就應該讓我、照顧我；戀人就應該體貼我，百依百順；過節時男生安排節目和送禮物是應該的，女人則要洗衣煮飯、陪吃飯或應酬……事實上，沒有人天生就應該為你做什麼，沒人欠你。

＊

很多人常見的問題是，在一起久了，感情變冷淡，要如何增進情感？

「一切都是我應得的。」這種想法，即是問題的根源。當你認為妻子洗衣煮飯是理所當然，就不可能去感謝她；妳認為先生賺錢養家是理所當然，就不可能去肯定他；如果你都把別人為你所做的一切看得那麼理所當然，感情必然變冷淡。

「一切都是我多得的。」把想法改變之後，心態完全不同。因為是多得的，內心充滿感激。當你能表達謝意：「謝謝你」、「還好有你幫我……」讓對方感覺到自己的付出是值得的，做得開心，也會願意做出更多的努力。彼此感情自然與日遽增。

＊

我們對人付出時也一樣，不要理所當然認為對方應該回報。要學習「滿懷熱情，不抱希望」，在《見好》書中有段話，深有同感：

以前我覺得，怎麼可能呢？熱情的人就是充滿希望的。現在才慢慢發覺，希望很多是奢望，期待很多是預設。很多時候我受傷了，不是因為事情多糟糕，是它沒有我想像得那麼好。現在我學着：仍然滿懷熱情，真實不抱希望。

沒錯，**所有問題都因「期待」而糾結，因「感恩」而解套**。你能做，願意做，那是你的事，不能期待別人必須給掌聲，也不能要求別人必須這麼做。**沒有應該，只有感謝，這樣要是真有人表達感謝，你會更喜出望外**。

#沒有人有權利要求別人，也沒有人有義務要對你勞心勞力，有人願意是你的福氣。付出要自己心甘情願，得到要像是走在路上不小心撿到寶。

Part 2

練習對無法
操之在我的事放手

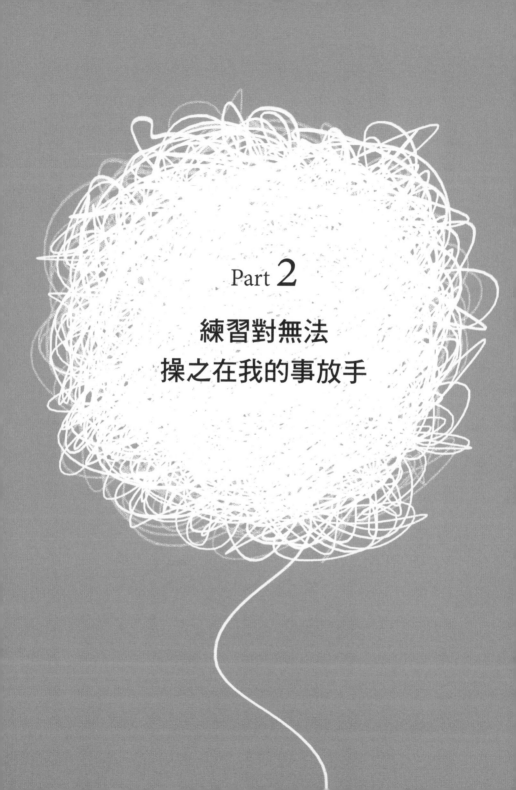

你認同這個人嗎？

那個人為什麼用那種態度對你？你百思不解。為什麼他會有那種表情？為什麼他會說那些話？為什麼他會這樣對我？一連串的疑問搞得你心情煩悶。

其實，你說的那個人就跟你我認識的大多數人一樣，他們並不是絕對理性，他們可能充滿偏見、自私、嫉妒、情緒化，甚至喜歡吹毛求疵、鑽牛角尖，對嗎？

所以，當你對某人的言行感到不解或不悅的時候，你應該問的是，你認同這個人嗎？**你認同他的態度、認同他的行為嗎？如果不認同，那他要怎麼樣又與你何干？**

*

放聰明點，並不是凡事都是針對你。很多時候，別人對我們沒有好臉色，錯並不在我身上。例如櫃檯小姐對你繃著一張臭臉，可能是她今天很不順心。同樣的，老闆對你發飆，也可能是他遇到某些麻煩事。我們都有過這種經驗，情緒不好的時候，即使是一丁點小事也會觸怒我們。

別把不相干的事情硬往心裡放。一個人腦子裡裝的都是垃圾，倒出來的必然也是垃圾，你不需要把人家的垃圾都接收下來。

有一次，有位同事措詞強烈地責怪我。在他批評的當下，我很清楚他的指控和我並無關聯，所以我聽著他說而能保持心平氣和，因為我並不認同他說的話。同時，我也明白，如果我跟他一樣，又氣憤，又辱罵，他一定會覺得比較安慰……但我並不想。

當然，有時候真的是我們的問題。如果別人批評的沒錯，就誠心接受並道歉。關鍵在於你了解自己。如此一來，你在面對批評時，才能夠判斷出哪些是真有道理，你該認真檢討改進，而哪些不是。

舉例來說：如果有人這樣說我：「你頭上有好多白髮。」本來就是，我不會認為對方在批評我，因為他說的沒錯。同理，如果別人說我：「你頭上長角。」對一些莫須有的或加油添醋的罪責，也沒有必要生氣，因為是對方的問題。

泰國禪師阿姜查比喻得妙：「這很簡單，**若有人罵你是條髒狗，你該做的事就是瞧瞧自己的屁股。如果後面沒長出尾巴，事情就解決了。**」

＊

所謂「是非審之於己，毀譽聽之於人，得失安之於數。」毀譽都只是別人的觀點，重要的是「你認同這個人嗎？」

試試看下面這個方法：在一張紙的一邊，寫下你所尊敬的三個人的名字。然後在另一邊寫下你遭受到的批評和對待。看看這些言行，自問：「我所尊敬的這些人是否對我說過這些話，做這些事呢？」

下回當你再度遭到批評或不善對待的時候，想想這些言行發自何人，以及你對他們的尊敬度。你將發現這些人和他們的評論和作為對你意義不大。

#別人要怎麼想、要怎麼說、要怎麼認為，真的不關你的事，因為腦袋是長在他的頭上，你能怎麼樣？

那不干你的事

有個女人去找一位智者，他是個管理專家，她說：「我的先生對我非常的壞。」

那位專家說：「那不關我的事。」

可是，那位女人繼續說，「不只如此，他也說你的壞話。」

專家說：「那不干妳的事。」

說不說，是別人的事；聽不聽，是你的事。別人要怎要樣，真的不干你的事。因為你無法控制別人，對嗎？

＊

有位記者訪問暢銷小說家考林斯（Jackie Collins），他問她對某些人說：「寫羅曼史小說太容易了！誰都寫得出來。」的人的反應。她回答，「隨他們去！」

雖只有短短幾個字，但寓意深遠。如果你深入自己裡面去看，你會發現來自別人的評論沒什麼意義。只有本然的你才有意義。別人說你優秀是沒有用的，如果你真的優秀，那才是重點；別人對你說三道四，聽聽就好，你不隨之起舞，誰不三不四，不辯自明。

不要老惦記別人怎麼說你，編造關於你的是非，甚至攻擊你；狗追著車狂吠，車子依然前進。不要在意別人怎麼看你，把事情做好了，大家自然另眼相看；**不要將別人輕輕講的一句話，重重放在心上。因為你的狀況好壞也許沒有人會去在意。在意別人，不如在意自己。**

*

法國女星安妮・辛克萊（Anne Sinclair）的私生活成為國際媒體的話柄，她丈夫多米尼克・卡恩（Dominique Strauss-Kahn，時為國際貨幣基金總裁），因遭指控性侵一位紐約飯店的服務生而遭到逮捕，結果她在接受一位《Elle》女性雜誌記者專訪時被問到，經歷這一切後她是否仍愛她丈夫，她的回答是：「那不干你的事。」

她說得對。**本來兩個人要怎麼相處僅屬於他們自己，不干任何其他人的事。**

別人怎麼看你，和你毫無關係，你要怎麼活，也和別人毫無關係。

#你認為我如何，不關我的事。別人怎麼說我，不干你的事。

我在管誰的事？

人生多煩惱，但如果你深入了解，在所有的煩惱當中，有一半以上都「庸人自擾」。人們的煩惱，絕大部分是管了「不該管」的事。《一念之轉》作家拜倫．凱蒂說過，這世界只有三件事：「自己的事，別人的事和老天爺的事」。

什麼是「別人的事？」比方說，今天早上遇到一個同事，臉超臭的，對你說話口氣很差。很明顯這是「別人的事」。因為又不是你害對方臉變臭、發火，對嗎？再如「阿張好吃懶做、小陳忘恩負義，阿毛吹毛求疵，老李對我不滿……」諸如此類，我們無法管的，都是別人的事。

什麼是「老天爺的事？」像是會不會下雨、颱風、地震、世界末日，或是命運、生死等等……這種超過自己能力範圍的事，都是老天爺的事。

＊

人的煩惱就在於：愛管別人的事，擔心老天爺的事，忘了自己的事。

你能控制天氣嗎？你能努力讓季節倒轉嗎？你能管別人怎麼看你想你嗎？你的婚姻、小孩、健康、事業、人際關係都順你的意嗎？在工作上你可以決定晉升？在投資上你可以保證獲利？你能確定你對一個人好，他就會對你好嗎？

那是不可能的，這些都是我們無法控制的事。我們唯一能控制的就是自己。包括自己的想法和態度，以及如何面對發生在自己身上的事情。

在醫院我常聽到病人為身體煩惱，這也是沒搞清楚「誰的事」。

平常注意健康是自己的事，但是當生了病，我們去看醫生，如何診治是醫生的事。更明白的說，你只要樂觀積極，其他就交給醫生！

單國璽主教在發現自己罹患肺腺癌之後，他的態度就是這樣——把癌症交給醫生，把靈魂交給天主，準備把遺體留給大地，並趁著生命最後一段時光，把愛留給世人。

也正因如此，他依舊談笑風聲地四處演講，做自己想做的事。

*

將生命交給上帝！既然大自然的一切都是上帝睿智的安排，我們必須相信，發生在我們身上的事情，必定也會是最好的安排。**你越早交出，你的心也越能放下**，這是我的體悟。

洛杉磯有個女節目主持人有次深入貧民區，訪問了當地一位有愛心的婦人。

這位婦人孀居了好幾年，背負了沉重的生活擔子，但卻撫養了六名子女，同時還領養了十幾名孤兒。

這名節目主持人後來忍不住問道：

「妳這些年來養育了這麼多的孩子，而且個個爭氣，妳……究竟是怎麼做到的？」

這名婦人回答道：「很簡單嘛，我有個很老的老伴。」

「妳不是已經……」那位節目主持人張嘴結舌地問。

「對啊，這個好老伴就是上帝嘛！我有次對上帝說道『主啊！我來工作，其他就讓祢去擔憂吧！』從此以後，我便什麼都不想了。」

放下不該管也管不來的事，只要管好自己。你將發現，自己好了，所有事也跟著好轉。

#把別人的問題還給別人，把超出自己能力的事交給上帝，把心情交給自己。

順其自然就好

有些時候，我們立刻就能獲得自己渴望的事物。

有些時候，我們無論怎麼努力，就是無法得到想要的東西。

有時是上天的安排；當你一路行駛都是綠燈，就是極佳的暗示，走對方向，做什麼都順；相反地，若事情沒那麼順利，狀況不斷且一路上又紅燈連連，那就表示該停下腳步，或是轉個方向。

＊

在面對過渡期，許多人常會經歷一種「不知何去何從之感」。人之常情通常想急於脫困，反而因為妄動而陷入更大的困境。

去看看那些陷入困境的人，他們不夠賣力嗎？不，他們多半太在意，太要求，太認真，太勉強，太拚了……所有的焦慮、壓力、負擔、患得患失、煩躁不安，都是這麼來的？

印度聖者拉馬克里希那（Ramakrishna）提醒我們：「外殼尚青綠時，若想打開那硬皮，我們會發現那幾乎不可能辦到；但外殼一旦成熟，只需輕敲，它就應聲而開了。」

有時，事情似乎變得更糟，那可能是因為我們太急；有時，我們得先學會某些課題，這些課題是要讓我們做好準備，讓自己值得更美好。

所以，順其自然吧！不強求，讓一切自然發生。

*

有很多人問禪師齊內林（Zenerin）說：你都教導門徒做什麼？

他說：「我什麼都不做。」

他們覺得疑惑：「怎麼可能什麼都不做，你一定有在做某些事。」

齊內林說：「**靜靜地坐著，什麼都不做，當春天來臨，草木就自**

然生長。」

去年，我的父母在山裡種下各式的樹苗，每隔一陣子上山時，都能看見樹又長高了許多。但是如果我坐下來一直看著，似乎什麼變化都沒有發生。同理，如果我們不斷地評估某個目標的進程，通常不會有多大進展。但若能適時放下反而有意想不到的驚喜。

園丁沒有能力使樹長大，他的工作是：維持最佳環境，讓作物能順利生長；其餘都是樹木自己的事。我們不需要知道「如何是好」，只需順其自然。上天會安排這個「如何」的發展。

#播下種籽，然後等待。不要期待結果馬上就發生，只要順其自然，萬事萬物會在屬於他們的季節到來。

擔憂沒有用

在生活中，麻煩事總是有的，但煩惱卻是不必要，因為一點幫助都沒有。藉著你的擔心、焦慮不安和失眠，你曾得到什麼嗎？

猶太有句諺語：「只有一種憂慮是正確的：為憂慮太多而憂慮。」當你對於一件事情感到擔憂時，你應該知道：你所憂慮的事情可能發生，也可能不發生。就只有這兩種可能。

這是很簡單的事實，**你的擔憂並不會造成任何的影響或改變**，不是嗎？

*

許多人常有一種錯覺，以為擔心就是關心，就能有助掌控問題。

例如，做母親在小孩出遠門時，常會焦慮地在家裡不停踱步，彷彿這樣就能確保孩子安全似的。直到孩子平安抵達，撥電話回家，這時焦慮不安的母親才鬆一口氣。如果這個母親誠實審視這些憂慮，就不得不承認自己其實完全無能為力，只是讓自己變得心神不寧罷了。

記得有一回，我和朋友一起開車前往紐約。不巧的是風雪即將來臨，而我們距離目的地還有一大段路。

這種天氣令我憂心不已——擔心天氣是否會變暴風雪？我們會不會趕不上約定的時間？如果趕不上的話怎麼辦？諸如此類的問題一直困擾著我。

此時，朋友看出我的心事。「把心放下吧！」他說：「就讓老天控制祂的天氣，我們控制自己的方向盤吧！何必杞人憂天？」

是啊！**事情發生就已經很有壓力，而我還會因為緊張焦慮變得心煩意亂，這樣所造成的壓力比原本壓力更嚴重。**

我學到的一課是：當面對艱難處境時，能做的，就盡力去做；如果不能，就把它拋諸腦後。

*

如果你有憂慮的毛病，問自己以下幾個問題：

1.你的擔心能夠避免事情的發生？（回想一下你擔心過的事：擔心考試成績，擔心健康，擔心金錢，擔心天氣……結果曾因你的擔心而改變嗎？）

2.你的憂慮有助於問題的解決嗎？（你很難一邊擔心問題，另一邊又把問題給處理好。）

3.這件事情發生的可能性有多少？（你所煩惱的事，有九成不會發生，所以九成的憂慮都是多餘的。）

4.可能發生的最惡劣情況是什麼？（通常你會發現，事情不可能壞到那樣，你只要釐清問題，並把後果考慮一遍，往往就能夠降低問題所帶來的壓力與恐懼。既然你已作了最壞打算，就要算事情真的發生，只有接受它。剩下來的也就沒什麼好擔憂的了。）

擔心也沒用，不如放鬆心情喝杯咖啡吧！

#擔憂不會讓明天的麻煩消失，卻先耗掉今天的精力。如同錢還沒借到就預付利息，多傻啊！

相信一切都會變得更好

身體一向硬朗的朋友突然病倒；成績優異的學生卻沒考上理想學校；付出真感情，對方卻移情別戀；下班途中車禍骨折；突然被公司外派到國外；正當準備關門大吉，突然接到一張大訂單……

人生道路有時曲折，有時突然來個大轉彎。事出偶然，我們會為這些事情貼上好壞的標籤，雖然我們不見得明白發生轉折的理由為何，不過多數的人都會選擇相信那是上天的安排。

這些年，我學會最重要的東西就是，接受所有的事。我發現，**這世上所有發生的事都能讓從中獲得啟示，所有變化發生的原因，都只有一個，那就是變得更好。**

*

幾年前，朋友的母親遭逢人生巨變。因丈夫離開深受打擊，還得了憂鬱症。

沒想到，最近去拜訪，她已判若兩人，她說：「如果沒有遭遇這意外人生，我可能一輩子都窩在家裡當深宮怨婦。但如今我進入教會，四處與教會弟兄姊妹交流互動，在教會裡服事、學習新事物，生命變得很充實，還有能力幫助別人，這實在是神的恩典！」

挫折，是人生最大的資產；逆境，往往是人生最棒的禮物，因為它讓我們超越，並發現自己的潛能，創造更多可能。

有人認為生病是不好的，錯了！很多人在生了一場重病之後，對生命的觀點全變了，他們不再像以前一樣糊塗地過日子。

有人分手時被難過、哀傷、憤怒給沖昏頭，甚至自暴自棄。其實我們應該反過來感謝每一段感情，讓我們成熟，讓我們變成更好的人。

有人因為做錯了事、看錯了人、選錯了工作、下錯了決定……自責懊悔。這也沒必要。因為**我們每個選擇和決定都是經過分析判斷，如果做錯決定，那也是對的，表示自己智慧需要加強，因此沒有錯誤。**

*

人們常會抱怨：「為什麼生命有各式各樣的狀況？為什麼我會遇到這麼多問題，這麼多煩惱？」

答案是，你沒有從正確的觀點看事情。所有的壞事，都是我們選擇了「壞事」這個名詞，把它們稱為壞事。所以，不要急著判斷，也不要譴責，因為你不知道事情為何要發生，也不知道它會帶來什麼樣的結果。

我的人生經歷過幾次挫折。每當跌入谷底時，我總會告訴自己：「前頭有個更大，更好的東西等著我。」別擔心，**如果你現在已經到了谷底，那也代表準備反彈，一切都會變得更好。**套句英國浪漫主義詩人雪萊（Percy Bysshe Shelley）的話：「若冬天已來，春天還會遙遠嗎？」

#一旦到達谷底，事情就會變好。如果事情更嚴重，很顯然，這表示事情還沒有到達谷底。

做你能做的，然後放輕鬆

你可能心裡正困擾一件事情，與其煩惱，不如尋找解決的方法。你可以先問自己：「在這種情況下，有沒有我能做的事？」如果答案是有，就不需要困擾，採取行動即可。如果答案是否定的，那麼煩惱也沒用，不妨放輕鬆。

譬如說你覺得很冷，那就不要只是站在那邊說我很冷，只要多穿點衣服就好。你不需要對天氣不高興，這對改善冷的感覺毫無幫助，對嗎？

我認識一個住在漁港的人，那裡經年累月颳著風沙。雖然他也痛恨那地方，但是如果要住下來，就必須接受事實真相，否則能怎麼辦呢？你能叫風不吹嗎？去對風沙生氣，根本無濟於事，只會讓自己更挫敗沮喪。

＊

禪修導師拉里．羅森伯格講過一個故事，他以禪僧的身分在韓國和日本修習多年後，決定前往泰國，繼續參悟泰國傳統的佛教。他在前去的途中，腦海反覆想像這將是一段值得期待的美好體驗。

抵達後，他就安頓在森林中的一間小茅屋裡，一日三餐都由侍者定時送來。這對他而言，已經是可以深入禪修的理想環境，只是有一點讓他頗為頭痛——森林裡到處都是四處閒晃的野雞，牠們整天到處亂跑，喔喔喔地叫個不停。這令他沮喪萬分：「我怎樣才能在這樣一片鬧哄哄的噪音中禪修？」他想，「這會毀了我的禪修之旅！」

其實，正是這個想法干擾了禪修。不論我們是否禪修多年，總還是會誤解人生的本義。**我們總認為人生是在糾正一些錯誤，我們以為把自己的生活「整頓」好，就可以把日子過得好些，而這反而讓我們**

過得更糟。

如何不受干擾呢？那就是——改變不了的事，就不要耿耿於懷。

＊

每個日子都充滿了意外與不便之處，因此你必須接受事實，明白你無法事事順心，別人不會永遠如你所願。你的計畫不會總是按著你所安排的進行。當這種情況出現，仍然要去做一些你想做的事。

愁來愁去，生活還是同樣的生活，世界也還是同樣一個世界。下定決心，我們無需等到事事如意，才享受人生。無論計畫成不成功，都要全力以赴；不管別人關不關心，都要活得開心；即使陰雨綿綿也要穿美美展現好心情。

一位住宜蘭的老友談到，每到冬季東北季風和梅雨季常連下數月細雨的經驗。我問他：「你不會受不了嗎？」「喔，不會啦，我們早就習以為常了。」他笑著答道：「你只要隨時帶把傘，其他就隨它去吧！」

沒錯！生活並不是期待無風無雨，而是要學習在風中飛翔，在雨中跳舞。

#從今開始，把自己想成小草，學習迎風搖擺，在逆境中彎腰，不論環境多麼惡劣，還是繼續成長。

Part 3

多一點笑容，少一點你死我活

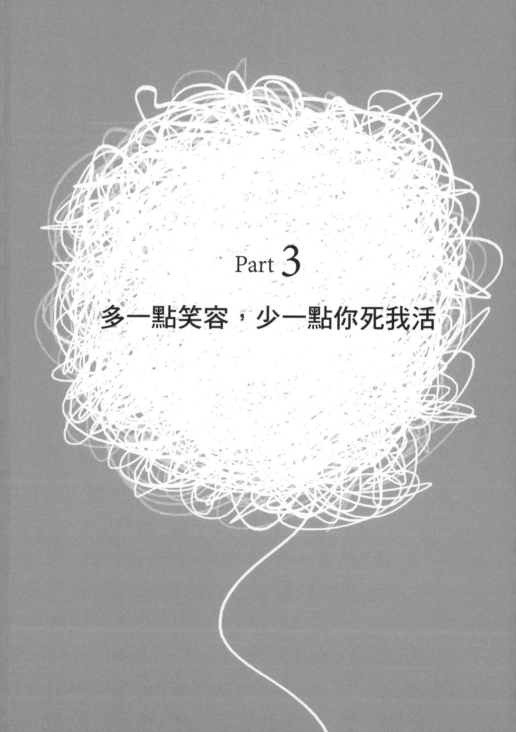

做仁慈的人，而非對的人

剛踏入職場時，深信做事應該對錯分明，只要對的就要堅持。到了年紀漸長，經歷多了，才知道**事情大多不是非黑即白、非對即錯**。**反倒是：當我越對，往往得罪的人就越多**。

像以前有位極權式管理的主管，我只要聽到他不合理的要求，總會理直氣壯的回應，並據理力爭，他的權威受到挑戰；當然我也因此成了他的眼中釘，做什麼都被刁難。

請別誤會，我不是要大家是非不分，不講道理。我只是想提醒，我們都可能犯了「比別人正確的錯誤」。

＊

有一部名片叫「紐倫堡大審」的電影。最後一場對話至今仍印象深刻。那位老法官向年輕的律師說：「你非常聰明，很會用邏輯爭辯，但是不要忘了，合邏輯的事不一定是對的。」

道理很簡單。假如你跟人爭辯，辯輸了，那你就輸了；假如你辯贏了，事實上，你還是輸了；即使你贏了面子，也失去人心。沒有一個人喜歡當輸家，當你證明你是對的，你認為他會認同你？你以為他會感激你？絕對不會！因為你否定了他的智慧和判斷力，打擊了他的自尊和自信，傷害他的感情。無論你用什麼方式指出別人錯誤，都可能帶來不利的後果。

有句話說：「如果你贏了一場爭論，你就輸了一個朋友。」這話還可以改成：「如果你贏了一場爭論，你就輸了一個結果。」你贏了朋友、贏了伴侶、贏了客戶或上司，想想，你真的贏嗎？不管是西瓜掉在刀子上，或是刀子掉到西瓜上，永遠是西瓜被切開。

＊

錯的相反並不是對，而是仁慈。在我們周遭不乏精明幹練的人，少的是一份善意和寬容的胸懷。有人說：「好人到頭來總是輸。」這話完全不對。不論結果如何，好人一開始就贏了。當你對人友善時，是否感覺到某種平和、喜悅？覺得很滿足於你所做的事？當你在生氣、與人爭辯、批評某人、讓別人受傷害時，你曾經感覺到那種滿足嗎？你會在心中感覺到一種平和、喜悅嗎？那是不可能的。

所以，下回在你開始評論或爭辯以前，別忘了先問一下自己：

「說出來有幫助嗎？有什麼好處？可以改善目前的狀況嗎？會讓我們感覺舒服一點嗎？可以強化我們的關係嗎？」

「我希望贏過他人，還是希望被他人所喜愛？」

「我希望自己是對的，還是希望自己是友善的？」

不分對錯，不是因為迷糊，而是為了和諧快樂，對錯與否，反而不重要。人總認為要「是非分明」，卻沒想到；當你不計是非，又哪來的是非？

#對錯並沒有絕對標準。什麼是對，什麼是錯？任何行為的結果會帶來和諧即是對的，反其道而行即是錯的。讓這成為一個準則。當你做了某件事之後，如果你很快樂，那你一定做了對的事；反之，你就錯了。

多聽少說，常點頭

「能點頭的時候，就別說。」兒子從小就很愛講話（我也是），意見很多，怕他犯了跟我一樣的毛病，特別寫下這句話送他。

就我所知，專心聆聽是建立關係、增廣見聞的捷徑。當你願意「好好聽人說話」，可以讓對方感到被尊重，讓對方覺得被瞭解，讓對方知道被關心，還能獲得新知——**當你開口，你說的是你已經知道的事；當你聽話，你才知道自己不知道的事**。一個好的聽眾，不但受人歡迎，而且受益匪淺。

＊

為什麼人不願傾聽？因為我們大都只關注自己的問題和想法，急於表達自己意見，生怕他人不能理解我們的意思，唯恐別人不知道自己的見解。

我碰過很多業務員在推銷商品時，只知滔滔不絕「介紹產品」，卻忽略了聆聽「客人的需求」，這樣當然很難跟客戶建立關係，更別說有好的銷售成績。還有許多當主管的，也因忽略「多聽少說」，無法讓部屬暢所欲言，發掘部屬想法，最後形成一言堂。

更嚴重的是親子和夫妻間的溝通。許多伴侶在說話就如同雞同鴨講。先生在說一些事，太太卻提別的事；或者太太在說某件事，先生卻不當一回事。怪不得相處了一、二十年，那個抱怨還是一樣：「他（或她）根本沒在聽我說話。」「他（或她）根本不瞭解我。」「我們根本無法溝通。」

為什麼親密關係裡的溝通如此困難？因為雙方都在自言自語，自顧自地傾吐心聲，喋喋不休地數落對方；而當對方說話時，卻表現得極其不耐煩，一點都不能靜下傾聽。這哪是溝通？

一個學生收到一封男孩寄來的信，不知該如何是好，想徵求父親的意見。

「爸——」

「什麼事？快說。」

「有一個……」

「有一個什麼？」

「有一個……」

「什麼人？」父親不耐煩地問。

「一個男生……」

「去認真讀書，不可以交男朋友……」

＊

真正的溝通是用心傾聽。暫時放下自己的感受和意見，盡可能進入對方的內心世界。這並不是說，我們不能有自己的想法與情緒。別人陳述一件事情時，我們很自然地會有所反應；但是，想要良好地傾聽，就必須以開放和關懷的心，以對方為主角。自己的意見都應該保留到最後，等到真正瞭解那個人的處境後，再回應。那麼對方自然也會傾聽你的心聲。

一位心理師告訴我，病人為什麼願意花錢找我們，因為我們是少數肯真心聆聽他們心事的人。

能多聽，自然就會少說。別人說得越多，你知道得越多；能少說，可以避免說錯話，得罪別人。在聽別人說話時多點頭，可以傳達給對方「我專注在聆聽，我重視你說話的內容，我在乎你的感受」。

所以，能點頭的時候，就別說。

#要讓別人對你感興趣，那就先從自己對別人感興趣開始。一雙願意聆聽的耳朵，遠比一張說話的嘴巴受歡迎。

多一點讚美，少一點批評

要是有人問我：「你幫助人們改變的最有效的方法是什麼呢？」我會毫不猶豫地回答：「我有一種魔法，它可能幫助垂頭喪氣找到自信，幫助悶悶不樂的人露出笑容，幫助意興闌珊的人找到動力，幫助冷淡的婚姻找回熱情。而且無論對象是男人女人，還是小孩老人都有效。那就是：讚美。」

是的，當你真心誠意對別人說出讚美、誇獎和鼓勵的話，人們就會照著你的話去做；你只要去讚美，那個行為就會繼續出現。

＊

你隨時可以做個簡單實驗，如果你到餐廳、店裡或工作上與人互動時，先花點時間去稱讚對方，談談他們工作多努力、多辛苦，你可以立刻看到他們態度的轉變，甚至可能突然對你殷勤起來。

我們待人的方式，經常決定了對方的表現。有位出版社老闆經常誇讚女祕書的工作效率高。有一天，一位作家去拜訪這位老闆，就對那位女祕書說：「妳的老闆總是說妳工作效率高，請問有什麼祕訣？」那位女祕書說：「這就是他的祕訣。」原來這老闆有個習慣，每逢女祕書替他做一點事，不管大小，都對她讚譽有加，使她更加認真。

當我與事業成功的企業經理人或公司主管談話時，常請教他們成功的祕訣，得到的答案也不謀而合，「我的團隊成員個個都很優秀。」

歌德這麼說過：「如果依照外表所見，去對待一個人，這個人就會變成一個不怎麼樣的人；如果按照他的潛能來對待他，這個人就會成為一個更優秀的人。」

當你給人的感覺很棒時，大家就會聽你的，思考你所說的，並照

著你的話去做。

＊

電影「窈窕淑女」片中，兩位教授找來粗俗的賣花女做實驗，打算把她訓練成高雅的淑女。其中有一段對話。女主角對皮克林教授說：「我在希金斯教授面前很想講髒話、動作粗魯，因為他認為我還是菜市場的賣花女，所以我就不想表現得像淑女。但是你不一樣，」她說，「我在你面前很想當一個淑女、言行舉止很得體，因為我知道，在你心目中，我是一位高雅的淑女。」

想想看，一個人在何種情況下比較可能受到你的感召？是感覺被你批判，還是受到你的讚揚？

人們會照你所鼓勵的方向做，而不會依你批評的方向去做。當我們挑剔貶抑別人，「你就不能用心一點？你連這個都不會？你真是沒責任感，你就不能做對一件事嗎？」別人就只會表現越差。傷害別人不僅不能改變他們，更不能鼓舞他們。

每個人天生都渴望得到他人的讚賞；尤其是得到父母、配偶、子女與朋友的認可。難道你不喜歡？用真誠的讚美來滿足這分渴望。不要老是對人的過錯舊調重彈，多發覺他的優點，說說他的美德，鼓勵他向上，肯定他的價值和潛能。他就會朝著這個目標去發展。

「你真厲害！」「我很佩服你！」告訴對方你喜歡、仰慕或欣賞他們，是一種隨意的善行，不花一毛錢，收獲卻難以估計。即使對陌生人也會開心不已。或許，你明天就忘了，但是聽受者卻可能終生受用。

#要讓一個人變好有兩個祕訣：第一，你必須讓他以為自己很好；第二，就是讓他真的變得很好。

選擇愛而非恐懼

《奇蹟課程》說，**人類的根本情緒只有兩種：愛與恐懼。情緒若不是出自愛，就是源於恐懼。**兩者宛如光明與黑暗，一者出現，另一者便消失。

這段話後來也成了我行事的依歸。每當徬徨或是焦慮的時候，我就會問自己：「做這件事／這個決定，是出於愛？還是出於恐懼？」很多時候就會找到答案。

我發現每次做了懊悔的事時，自己都是以恐懼的心理行事；而當我以愛的心理行事時，我就感覺到平靜快樂。像昨天在路上，有輛車突然急轉彎，完全不管後方是否有車，真是自私、沒水準，愈想愈氣。我面臨一個「選擇點」——我要繼續這個想法呢？還是選擇愛？

「選擇愛」是什麼意思？那表示我決定快樂比對錯更重要；那表示我選擇平靜而不是持續惱怒；那表示我將以同理心看事情：也許那個人有急事，也許他突然身體不適，那人提醒了我開車要小心……當我選擇愛，心情立刻好轉。

*

所有負面的情緒都是恐懼的表達。以前例來說，表面上我是生氣，其實是害怕。當我們被一股怒氣抓住時，我們只看到觸發自己憤怒的原因，卻看不到這一點。憤怒、痛恨或是暴力全都是源自於恐懼。同理，當某人生氣時，其實他是在害怕；當某人的掌控欲很強時，其實是在害怕；當某人使出惡劣的手段，某人批評攻擊你時，其實也是在害怕。

我們常聽到愛人攻擊對方：「你只想到自己」「你根本不在乎我」「你從沒愛過我」。當他們怒氣沖沖地責怪對方時，其實是因為內心恐懼：我怕你不理我，我怕你看輕我，我怕你不愛我，我怕失去你……**每一次攻擊，都是愛的呼求**。只是用錯了方式。

愛人們不斷爭吵、控制、嫉妒、支配、占有，但這並不是愛，而是兩個心存恐懼的人對彼此的依賴。如果你真的了解，就丟下一切恐懼，愛得更多一些，而且不帶任何條件地去愛。

*

「**無論面對的問題是什麼，無論遭遇的困難是什麼，解決的辦法都是愛**。」知名作家芭芭拉．安吉麗思說得對。

無論面臨什麼處境，都可以把愛當作最高的指導原則。想想看：恐懼和愛只能選一個，我選了哪一個？如果選擇愛，我會怎麼做？

我認識一對夫妻，他們常為了誰該做家事而爭論不休。有天太太工作忙得焦頭爛額，先生回來時看到家裡一團糟。他正想發脾氣，想到我告訴他的「指導原則」，於是就問自己：「如果是愛，我現在會怎麼做？」他知道答案了，開始把家清理乾淨。

而太太在用完餐後，也想到這「指導原則」，不但主動把髒碗盤洗淨，還問先生要不要喝杯咖啡。

這就對了！只要回到愛，正確的言行自動顯現出來。有一個女歌手說，她一緊張唱歌就會走音。「後來怎麼克服？」主持人問。

「我選擇愛，」她說：「當我滿懷著愛，唱出充滿愛意的歌聲，害怕的感覺通通都不見了。」

你不用試圖擺脫不好的感覺，因為所有不好的感覺都是缺乏愛。當你愛得愈多，不愉快就會愈少。當愛夠強烈時，所有焦慮、憤怒、失望與恐懼就通通都不見。

#黑暗，只是光明的不在；恐懼，只是愛的不在。想擺脫黑暗，只須打開燈，黑暗就自然不見了。同樣，你也無須跟心中的恐懼對抗，只要心中充滿愛，所有的恐懼即會消失。

回到一開始，當最後一次

關於我們現在所做的事，都曾有一個美好的開始，無論對孩子、感情、婚姻、工作、夢想，我們都曾懷抱著期待，充滿興奮，熱情、幻想未來的美好。但是，後來的一切，為什麼變得和期待不一樣？

無可諱言，現實世界常給人諸多挫敗，事與願違。孩子令人失望、愛情教人幻滅、婚姻讓人窒息、工作使人厭煩……。在不滿抱怨的失意中，在無趣又無耐的日子裡，許多人早忘了那個「最初」。

*

有一對夫妻，婚前感情很好，但婚後不久就開始相互抱怨：妻子覺得丈夫不體貼、不夠有錢；丈夫則嫌妻子心胸狹窄，太嘮叨。因兩人的關係愈來愈糟，於是向著名的心理學家艾里克森求助。艾里克森花了三個小時傾聽兩人的不滿和抱怨後，只問一句話：「請問，你們當初結婚，就是為了這無休止的爭吵和抱怨嗎？」夫妻倆頓時如醍醐灌頂，之後很快回復了往日的甜蜜。

我們需要常常提醒自己，當事情走樣變調時，回想「最初」——**想想看，你會跟這個人在一起，你會選擇這份工作，你會去到那裡，你會做這件事，你會做這決定……是否還記得自己最初的那顆心？**

回到一開始。回到愛開始的時候。回到夢想一開始的地方。回到一開始的那份初衷，你會知道自己該怎麼做、怎麼生活。

＊

「已經沒感覺了，要怎麼回到開始？」曾有人問。

如果無法回到「最初」，那就把它當作「最後」。

或許這個人你已厭煩，這地方你已去過很多次，這表演你已演出無數次，或許這工作你已做了幾十年，但是，如果你知道這是「最後一次」，心態和表現是否不同？

在安養病房有位太太，悉心照料癱瘓婆婆數年如一日。說了令我非常感動與認同的一句話：把每次的照顧都當是最後一次的照顧。

當我們把每一次都看作「最後一次機會」，就會認真積極；面對每一次比賽，都當作「最後一戰」，就會用最大心力；把每一次戀愛都當成「最後一個對象」，就會用心付出；把每一天當作「生命最後一天」，就會懂得珍惜；把見到的人當作「最後一次見面」，就會更有耐心、更有愛。

「人隨時都會不在，」一位在急診室看盡生命脆弱與無常的朋友，有感而發：「我是用『自己隨時可能會走』的心態過每一天，去對每一個人、去看每一件事，很多事也沒什麼好計較。」

試試看，把今天當作你在世上的最後一天來過。當你看見到你所愛的人，你要告訴自己說：「今天是我的最後一天，以後我再也不能照顧他了。」吃飯時，你要對自己說：「以後我再無法品嚐食物了。」

看到窗外的日落，你要對自己說：「以後我再也看不到美麗的彩霞了。」

把每一次當最後一次，或許就能找到最初的那顆心。

#做每一件事，要如同第一次般積極熱忱。對待每一個人，要如同見最後一面般珍惜。

「練習」快樂

如果我問你，你認識的親朋好友中，哪一個最不快樂，哪一個比較快樂？你只要稍加思索便馬上可以回答出來。因為，他們一直在表現出這種習性。快樂是一種習慣，不快樂也是一種習慣。無論你「練習」什麼，都不斷地加深，每重複一次就更加強，久而久之就成了習慣。

有人對你發脾氣，你立刻會有憤怒的反應，這就是習慣；一個人常練習批評，就習慣批評數落別人，看什麼都不順眼。常練習抱怨，就會滿腹苦水，怏怏不樂，臉上老掛著一張苦瓜臉。

*

許多人常覺得心不受控制，有時本來不想做的事卻不自主地做了。決定不回應某些事，或是決心不要用某些方式回應某事，結果還是回應了，這是因為習性反應——心跟著習慣走。就像水滴匯聚成小溪，然後成了河川，不斷累積，最後河水氾濫。

幸運的是，我們可以改變河道，一點一滴、一次一個想法，就慢慢改變河水的流向。人是習慣的動物，剛開始仍會重回舊路，在負面情緒襲來的當下，我們一樣會情緒爆發，但這種「失控」愈來愈短。

習性並不是天生的，我們可以扭轉它。

有位信徒請示盤珪禪師，說：「天生暴躁性情不知要怎麼改正？」

盤珪禪師聽了以後，對信徒說：「你把這天生暴躁的性格拿出來，我幫你改掉。」

「不行呀！現在沒有。但是，碰到事情的時候，自己就控制不住要發脾氣了。」信徒回答道。

盤珪禪師於是說：「這個情形是很奇妙的，現在沒有，在偶發的情況下，才會心情暴躁，可見得不是天生的。你把過錯推給上天，推給父母，實在是太不公平了。」

信徒會過意來，從此努力地把暴躁的脾氣改掉了。

*

在我們人生當中，每一天我們的心都不停地產生各種情緒反應。但是，如果我們在一天結束之前試著回想，頂多只能想起當天印象最深的一兩件事；如果我們在一個月結束之前，頂多只能記得印象最深的一兩件事；然而，為什麼有些事我們卻能牢記多年？有些情緒為什麼一觸即發？原因就在我們不斷練習，不斷複習。

要留意你的起心動念，每當負面習性出現時，問自己：如果我繼續這個念頭、這句話、這個反應，正在幫自己創造什麼；在一天後、一週後、一年後會產生怎樣的結果？

常練習快樂，隨時保持微笑，熟能生巧也就自然而然。

#要看看你的念頭，因為念頭會形成思想；要看看你的思想，因為思想會形成語言；要看看你的語言，因為語言會形成行為；要看看你的行為，因為行為會形成命運。

在生活中修行

很多人以為念佛、禮拜、讀經、禪坐即是修行，於是在讀經時修行，讀畢即不再修；在道場時為修行，離開即不再修行。修了好多年，性格依舊，心態依舊，習氣、煩惱沒有任何改變。

修行並非如此狹隘。其實，**生活每件事都可以當作修行，隨時在考驗著我們的心，訓練著我們的定，皆是我們修行的「試金石」**。

*

有一位女士來找秀峰禪師，埋怨工作很辛苦，上司給壓力，下屬不合作，如此艱難，不如出家的好，以後不用再面對這些工作上的煩惱。

秀峰禪師對她說：「生活不就是修行嗎？妳現在對工作生厭就想出家，如果對出家也生厭了，那又怎麼辦？」她無言以對。

真正的道場不只在山上，也不只在廟裡，而是在生活中。為什麼生活是最好的修行？因為在生活中，我們可以看到自己的真實面貌。在工作壓力下，我們可以看到自己的個性脾氣。在家庭裡，能讓我們識破自己陷在哪裡，執著於哪裡。在婚姻當中，可以看到自己所有的毛病，所有的怪癖，都赤裸裸地擺在那裡。

有些人在外是謙謙君子，回到家卻變成一個暴君；有人每到假日就當義工，在家卻很懶得做家事；有人早晚吃齋念佛，對人卻很苛薄；有人總是把「修行」掛在嘴上，要求別人，卻不懂得反省自己：觀察生活中發生了什麼，看你對你太太、對你婆婆做了些什麼？觀察是否有改變，那些改變才有意義。看你對你的媳婦、部屬做了些什麼？那些行為才是重要的。

*

我們怎麼知道自己修行是否是一個真修行呢？有幾個指標：

・你越修與人越融洽。
・你越修與家人感情越好。
・你越修越覺得要學習得越多。
・你越修越覺得，沒關係，沒什麼好計較。

如果你能做到這樣子，大概你的方向就對了。

修行即修心。既然心即是道場，只要有心，到哪裡修都一樣。不管在工作中，在家庭，在關係裡。**遇到不能忍受的事情時，就提醒自己：「今天所發生的種種事情，我都要把它當作修行。」當我們這麼想的時候，包容的能力就會加強；當我們用這種心態待人接物，自然會變得慈善。**

發一個心願，「今天我要真心誠意對待每一個人，關心他們，體諒他們，幫助他們，全心全意地為他們服務。」每天早上提醒自己，晚上反省自己，這些「修」正自己思想和「行」為，才是真正的「修行」。

#我們修行的品質永遠會在我們生活的品質上反映出來。好的修行，是有好修養，不勉強，讓靠近你的人都感到歡喜。

Part 4

生活可以用心，但不必多心

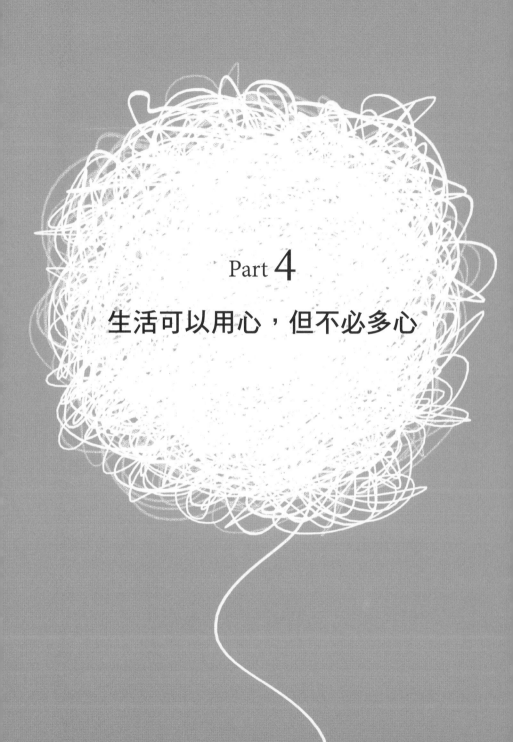

面對批評，你可以「已讀不回」

網路社交媒體上面常遇見的問題就是網友所留下具有攻擊性的言語及騷擾。許多人都感到如芒在背，不堪其擾。有位讀者來信：「我曾嘗試不理那些網路留言，並想關閉我的臉書帳號。結果我發覺這樣很難跟我真正的朋友保持聯絡。我很沮喪，不知該怎麼辦？」

你可以「已讀不回」。我告訴她：面對口舌是非，只有一個方法可以讓這些人無計可施——那就是視若無睹。

完全不理會他們。

完全不想到他們。

完全不在乎他們。

*

記住一條人生基本守則：**絕不要隨著一隻豬跳進泥坑，除了弄得自己滿身泥，只會讓豬更高興。**

批評侮辱，跟泥巴沒有什麼兩樣。你的衣服被路上濺起的泥濘弄髒，如果你想抹去，一定會搞得一團糟。只晾到一邊，專心做別的事，等泥巴晾乾了，只要輕輕揮幾下就沒事了。

或許有人覺得這是一種自欺欺人，是一種懦弱；被人羞辱，還裝沒事。真是遜咖！有這種想法的人一定爭強好勝，始終不願意自己在任何事情上吃虧。但這世界上有幾十億的人，只要每人罵你一句，就算花上一輩子，也無法一一回應。生命短促，何必在小人身上耗費精力？

我也曾做過這種蠢事，浪費了一整晚上去回應別人的評論。我為何會如此的反應呢？我希望討厭我的人可以轉而喜歡我。我希望他們認同我、了解我、肯定我。我沒有遵守「已讀不回」的基本原則，搞到凌晨兩點才上床，導致隔日精神萎靡，心情低落。

而我這麼做有贏得什麼獎賞嗎？回應了所有評論後，可以得到得到一塊超大的燙金匾額嗎？有任何人後來寫信告訴我：「你講得有道理。我很抱歉。現在我很喜歡你！」想得美，當然沒有！那些人只是好鬥，想把你拉進泥坑。而我竟跳進去跟他們打混仗，搞得自己滿身爛泥。

有這樣一個故事：

一隻老鼠向獅子挑戰，要和獅子一決高低，獅子果斷地拒絕了他！

「怎麼你怕我了啊？」

「嗯，很怕！」獅子說。

老鼠不解地問為什麼，獅子說：「如果我接受你的挑戰，你就可以得到曾與獅子比武的殊榮，而我卻被人恥笑曾與老鼠打架！」

明白了嗎？**如果你是頭獅子，你就別和老鼠打架。**

#丟石頭到很深的河流，並不會激起大水花，只有那淺淺的水才會水花四濺。

那又怎樣

人們會災難化一些小事，我們可以為了微不足道的事，弄得自己心神不寧。例如：路上塞車，上班快遲到，臉上冒出面皰，東西忘了帶，事情做不好，工作做不完，……有時，只是一個掉了的扣子，濺出來的牛奶，襪子上脫落的線，鄰居的敲打聲，就足以踩到地雷而情緒爆發。

我們總是把問題看得太嚴重，甚至無法停下來看看把事情看得太嚴重有多可笑。

想一想，是不是一個節目沒看到，生活就了無生趣？是不是一次考試沒考好，就毀了一生？是不是胖個幾公斤，就無法享受人生？是不是愛人跑了，世界末日就會來臨？

＊

我喜歡的口頭禪之一是 so what，「那又怎樣」。這句話不是叛逆的頂嘴，或不負責的回話，而是讓事情大而化之，幫自己的挫敗處境打氣，讓自己得以釋懷，處之泰然。

考試退步，那又怎樣——只不過一次考不好，何必懷憂喪志。

評價不好，那又怎樣——我盡心盡力，問心無愧。

身材很胖，那又怎樣——我就是胖，我不在意別人怎麼想。

沒有對象，那又怎樣——可以隨心所欲，享受一個人的自在。

年紀太大，那又怎樣——只要願意，一樣可以追求想要的幸福。

失戀失敗，那又怎樣——只是一段錯誤的結束，期待美好的開始。

如果我們回想上一次惹我們生氣的事情，現在看起來真的有那麼重要嗎？還記得上個月，去年那件很苦惱的問題嗎？而今呢？你我都了解許多過去煩惱的事，到現在似乎都不再重要了。

＊

今天再難過的事，到了明天就是往事；今年再嚴重的事，到了明年就成故事。沒有什麼過不去的事。就算天塌下來，「那又怎樣」，我們永遠不會碰到它。因為只要我們還在這兒，它就還沒發生，當它發生，我們就不在這兒。沒什麼好怕。

在一個月黑風高的晚上，有個大師跟往常一樣，獨自到山林裡散步。

有一天，一位弟子忍不住問他：「你不怕遇到鬼嗎？如果碰到厲鬼的話，你怎麼辦？」

「跟他拚命啊！」

「如果拚輸了怎麼辦？」

大師笑答：「那又怎樣，頂多跟他一樣罷了！」

如果連死都不怕，那你還怕什麼？

#生活有兩個原則：第一，別為芝麻小事耗力氣。第二，所有事情都是芝麻小事。

把想法寫下來

你是否有過這種經驗：原本內心煩亂，但對著好友傾訴之後，突然發現，問題並沒有想像中嚴重，甚至說著說著，心裡也就舒坦了。如果不想讓別人知道，可以試著把它寫下來，效果也異曲同工。

思緒混亂很可怕，它會讓人毫無頭緒，越想越煩。每當遇到這樣的狀況，我會拿出紙筆，**把散亂的想法寫在紙上，或把事情一件件逐一列出來，這是內心平靜的好方法**。

因為當我們把心中的話寫下來之後，可以很清楚地發覺自己的思考模式，思想的焦點，進而了解自己的情緒。其次，寫下來後，我們知道之後有時間再去思考，這件事就不會占據所有的心思。

常常因為有雜事，睡覺時仍一直想事情，卻又無法立刻採取行動，結果是躺在床上翻來覆去。有過多次這樣的經驗後，於是我起床把腦袋裡紛飛的念頭一一寫下來，失眠的問題也就迎刃而解。

*

以前孩子讀書無法專心，總是想東想西，我也是這樣建議：每當有什麼讓自己分心的念頭，或是困擾的想法，就一一記下來，擺在抽屜裡。然後就不必管它們，到了每星期五放學後，再打開抽屜看，將不重要的劃掉，重要的事則利用週休時解決。

如果你有揮之不去的負面想法呢？同樣，把它們寫在紙上，再丟進廢紙簍裡。最新心理學實驗證實，當你把這張紙丟棄時，心理負擔也同時被丟掉！

相反地，做重大抉擇時，把想法寫下來，並好好地保存這張紙，心就會有方向和動力。

甫在里約奧運摘下第二十三面金牌的「飛魚」麥可．菲爾普斯描述自己之所以成功，就在於寫下了明確的目標。

「每當我遇到困難時，我會拿出一張紙，寫下自己的目標，然後把這張紙放在床邊每天看、每天提醒自己，直到目標實現為止。」菲爾普斯在一次電視專訪中透露出金牌選手的祕密。

*

當然，也不一定要有目的性。你可以隨筆寫作，對生活事物有任何感受，就把心中的感想寫下來。我開始寫作時，就是生活隨筆，因而寫久了，就有些想法，有想法又會把它寫下來。收集在一起就成了作品。

事實上，不管你想做什麼，在前進的過程中，必然有許多想法和心得，最好就能隨身有一本筆記本，隨時記下來。這點非常重要，在過去有無數次當我想到一個點子，我以為絕不會忘記，結果我還是忘了，而我真後悔當時沒寫下來。

如果你可以養成凡事動筆的習慣，我相信：你的思路會更加的清晰，想法會更有條理，內心會更加平靜自在。把自己的想法寫下來吧！

#每一個念頭只有被寫下來，才會認真的面對它；每一個心情只有被寫下來，才能真正的放下它。

傾聽內心，正視你想要的

人們常問各式各樣的問題，最普遍的是日常生活的決策：我該怎麼選擇？事情該怎麼做？該如何規畫人生、教育子女、經營關係。有時他們的問題更直接：「你覺得我該答應嗎？」「你覺得我該和這個傢伙離婚嗎？」

我常會反問「你覺得你該怎麼做？」他們以為我知道答案，卻故意要他們自己找出結論。事實上，我並不知道答案是什麼。

假設有人發覺你口渴，這是一種覺知，但如果你真的感覺自己口渴，是另一種覺知。現在請試著弄清楚，你的覺知是由別人告訴你，還是你自己的感受？

別人不知道我們想要什麼，我們也無法知道別人想要什麼。只有自己知道。

*

有一天，我正要出門運動，兒子要我順便幫他買幾樣文具。後來他似乎覺得不妥。他問我：「你會覺得麻煩？我應該和你一起去嗎？」

「不麻煩，你想怎樣都可以。」我回答。

「但是，你想要我怎麼做？」他又問我。

我想了一會兒，我認為他想做什麼完全取決他自己。

「做你想的，」我告訴他：「如果你想去運動，我會很高興你一起去。如果你不想去，你可以在家裡做任何你喜歡的事。這由你自己決定。」

「你才是最重要的。」我們做任何事都應該聽聽內心的聲音，問問自己：「這是不是我想做的？我做這些事會開心嗎？」

生活完全是你自己的體驗。人生是你自己的，生活也是你自己要過的，你要傾聽自己內心的聲音，而不是盲目的聽別人的話，當然也包括我說的話。任何書本上面所寫的都不能成為你的指標，除非你內心感到歡喜；任何人所說的話都不能當成你的圭臬，除非你的心可以感到快樂。

＊

我聽說，著名的教育家諾曼．文森．皮爾博士在一架客機上，他身邊坐著一個年輕女士與他攀談起來。當這位女士發現皮爾博士是個有智慧的人時，她決定向他尋求幫助。她說：「我與兩個男人交往，他們也都向我求了婚，我不知道應該答應哪個人，你能給我一些建議嗎？」

「當然，」皮爾博士回答：「我認為這兩個人妳都不該嫁。」

這位女士驚訝地問：「為什麼？」

他回答：「如果妳必須問我該嫁給誰，那表示妳並沒有愛上這兩個人。」

當某件事情是真正適合你的時候，你就會知道。當你滿心歡喜時，你會知道；當你不開心時，你心裡很清楚。

回想一下，當我們做決定時，最令我們滿意的往往是一些「感覺對了」的決定，但你怎麼知道那是對的？你也許向一些人求助或詢問，但你仍然感到不滿意。然後，某人說了某些事，你在內心產生了共鳴，你說：「這就對了」，你怎麼知道那是你要的？其實，你早就知道了，那個人只是說到你的心聲。

面對兩難的抉擇，聽聽你內心怎麼說。

#跟隨你的喜悅，唯一比你做的事更重要的是，是去感覺你在做這件事情的經驗。

一天的難處，一天當

人的問題及煩惱只有一個，什麼樣的問題與煩惱呢？

即是——現在的問題與現在的煩惱。過去的事情已經過去了，你想再多也沒有意義；未來的事情還沒發生，誰也無法預料會怎麼樣。如果未來真如你所料發生讓人擔心的事，那麼你到時再開始煩惱也不晚。況且世界上的事情時時都在變化，沒有證據它必定會發生，就算真的發生了，你的煩惱只會減少你應付情況的能力，不是嗎？

*

許多人覺得生活裡充滿壓力：「我要承擔這麼多責任，我要面對那麼多問題。」這就是沒搞清楚。我們只能活在當下這一刻，只能處裡當下正在發生的這件事。如果我們的心智同時想著過去和未來的問題，當然會覺得問題一籮筐。

曾讀到一則探討憂慮的主題，其中受訪的是一位百歲人瑞，她歷經漫長的一生有很多事情可以煩惱。她的建議是，在你滿心憂慮時，避免看得太遠，把焦點放在眼前的日子就好。

她說：「嗯，我認為如果你在擔心，非常擔心，你必須停下來對自己說：這也會過去。你不可以一直擔心下去，因為那會摧毀你和你的人生，真的。但總有些時候你就是忍不住要擔心——那就強迫自己停下來想：這對你沒有任何好處，你必須盡快將它拋諸腦後，一次想一天就好。如果可能，事先計畫固然不錯，但你不可能永遠這麼做，因為事情不會照你希望的方式發生。所以最重要的，就是一次過一天就好。」

我深有同感。我們活在今天，就只要做好今天的事就好了，無須擔憂明天或後天的事。當明天到來的時候，它又成了今天，一千個、一萬個明天也是今天，它們都會以今天，以現在到來。如果你希望明天會更好，那你應該做的就是把今天先過好。一天的難處，一天當！

*

我每週都要交稿，除了報紙與雜誌的固定專欄外，還有一些臨時加進來的稿約和讀者回函。如果我這星期必須寫完三篇，在第一天我就開始想，要寫哪三篇，想到最後，可能一篇都寫不出來，因為三篇的主題、對象不同。後來，我開始一次只思考一個主題，專心寫好了，再去想第二個主題。這樣不但能如期完成，也不再陷入莫名焦慮。

在電影「城市鄉巴佬」中，一個名叫柯里的老牛仔告訴飽受焦慮壓迫的人們一些鄉村智慧。當事情變的棘手時，柯里會舉起他的食指然後點頭。最後，城市鄉巴佬們領悟了他的意思：一次只做一件事。

記住，你只有一件事——現在的正在做的事。當你專注於眼前的事：一次只寫一個字、一次只打一顆球、一次只走一步路、一次只為一位旅客服務、一次只解決一個問題……就可以從問題與煩惱中解脫出來。

#要怎麼吃掉一頭大象？只能一口接一口吃。聰明的人一次只咀嚼生命的一小片段，這樣就不會噎到。

全神專注於手上的事

當你心無旁騖閱讀這本書時，如果你是的話，那麼現在有什麼感覺？你就不會有任何紛擾，不愉快；相反的，內心會感到一種清明與平靜。

許多大師和智者們一再提到：「專注當下」。有人因被欺騙、傷害，痛苦的記憶想忘都忘不掉：「專注當下」；有些人因為工作、婚姻、家庭的壓力，脾氣越來越暴躁：「專注當下」；有人煩躁焦慮，失眠，得憂鬱症，同樣：「專注當下」。

道理很簡單，當一個人在走鋼絲的時候，想走完全程，應該專注在哪裡？難道他會想：「我還得走多遠？」「我怕撐不下去」當然不是。他們只要「專注當下」，煩憂就煙消雲散。

*

有位先生家裡接連遭受兩次不幸。

第一次，他失去了五歲的女兒。他和妻子都以為他們沒有辦法承受這個打擊。更不幸的是，十個月後，他們另一個剛出生的女兒也死了。

這接二連三的打擊使他幾乎無法承受。他睡不着，吃不下，無法休息或放鬆，成天哀怨自憐，抑鬱寡歡。

不過，幸好，他還有一個四歲的兒子，他讓父親學到「度過難關」的方法。

一天下午，父親呆坐在那裡為自己難過時，兒子問他：「爸爸，你能不能給我做一條船？」他實在沒興致，可是這個小傢伙很纏人，只好勉為其難答應。

他花了將近三個小時才做好一條玩具船。等做好時，他才發現，這三個小時是這些天來第一次感到放鬆平靜的時刻。

這一發現使他大夢初醒。他明白了，如果你專注在某件事情上，就不會再想起憂傷的事。

沒錯，**你可以回想以前，然後陷入不快樂；你可以想到以後，然後變得不快樂。可是當你專注當下，當你全神貫注於手上的事，你不可能不快樂。**

*

許多人喜歡看電影，因為電影讓我們能專注。兩個小時的時間，我們沉浸在劇情裡。我們不會想起傷心的往事，不會擔心下星期要交的報告，不會想到和同事發生的口角衝突。甚至僅僅是投入更多的專注在樹的顏色或是鳥的聲音上面，我們也會忘記不開心的事。這裡有一些技巧：

・集中注意力在每天的日常生活，像是吃或喝東西的時候，專注觀看、嗅聞、品嚐、咀嚼以及吞嚥食物，覺察身體和內心的感覺。

・當你站立或走動時，花一點時間留意姿勢。注意你的腳掌與地板的接觸。當你走動時，感受一下空氣在臉上、手臂以及腿上的流動。
・當你聽到電話鈴聲、鳥叫、風聲、笑聲、喇叭聲或是關門的聲音，用這些聲音提醒自己全然地活在此時此刻。
・當你做一件事或與某人在一起，讓自己完全的融入當下，盡你所能的投入，彷彿此時此地世上唯有此人、唯有此事。
試試看，當心靈專注時，痛苦就進不來。

#如果你想到不開心的事，那一定是因為你不夠專注。專注到忘了一切，怎麼可能不開心。

不要緊，一切都會過去

This will all pass.（一切都會過去）這是多年前朋友送我的書籤。當時我正面臨人生的低潮，心情沮喪，這句話給了我莫大的安慰與希望，同時也鼓舞我繼續向前而非活在過去。就這樣，一切果然都過去了。

此後，我常將這句話掛在嘴邊，或送給需要安慰鼓勵的人。

回頭看看你的人生，有些事，你以為完蛋了，後來還是完成了；你以為不再愛了，後來又戀愛了；你說自己過不下去了，幾年後，你依然在這裡……凡事別看得太重，笑笑過去就好！

＊

畢業前夕，一位教授對學生們說：「我有句三字箴言要送給各位，它是使人心境平靜的妙方。這三個字就是：不要緊。」

一位女學生在筆記本上端端正正地寫上了「不要緊」三個大字，她決定以此為座右銘。

不久後，她就遭受了考驗：她愛上了一個溫柔體貼的男人。她覺得他對她很要緊，如果沒有他，她無法想像以後的日子怎麼過。可是有一天晚上，那個男人卻對她說，他只把她當作普通朋友。那天晚上，她在臥室裡哭泣時，覺得「不要緊」三個字看來簡直荒唐。

日子一天天過去，她發現沒有那個男人也一樣可以過活，而且仍然能過得很快樂。幾年後，她再次遇到一位心怡的對象，他們步上禮堂。

婚後幾年，他們過著幸福的生活。他們將所有積蓄用於投資，而且收入不錯。可是有一天，丈夫告訴她一個壞消息：他們的投資全賠光了！她愣住了，她心裡想：完了，這一次可真的完蛋啦！

就在這時候，小兒子用力敲打積木的聲音轉移了她的注意力。然後她看見小兒子燦爛的笑——那笑容真是無價之寶。她將視線投向窗外，兩個女兒正在興高采烈地合力堆沙堡。她忽然意識到，他們損失的是只是金錢，他們珍愛的一切不是都完好無損嗎？她微笑起來，對丈夫說：「不要緊，一切都會過去的！」

＊

用笑臉去面對現實，用微笑去看待生活。即使陷入低谷，陽光依舊燦爛。人生縱使時而有陰影遮掩，煙塵蒙蔽，然而當愁霧散去，又將是清澈明淨，雲淡風輕。

朋友告訴我，他阿嬤的故事：她三歲喪父，廿多歲就守寡了，咬緊牙關，拉拔五個子女長大。回憶過往，阿嬤說：過去她認為是重大的危難，如今說來已雲淡風輕；過去她認為是不可或缺的事物，現在明白只不過是繁文瑣事。生命走到這階段，她已經了解許多事沒想得那麼嚴重。

你失意嗎？失戀嗎？艱苦難熬嗎？This too, shall pass. 這件事，也一樣會過去的。

#沒有過不去的事，只有過不去的人。別跟自己過不去，所有事笑笑都會過去。

Part 5

情緒作主，快樂作陪

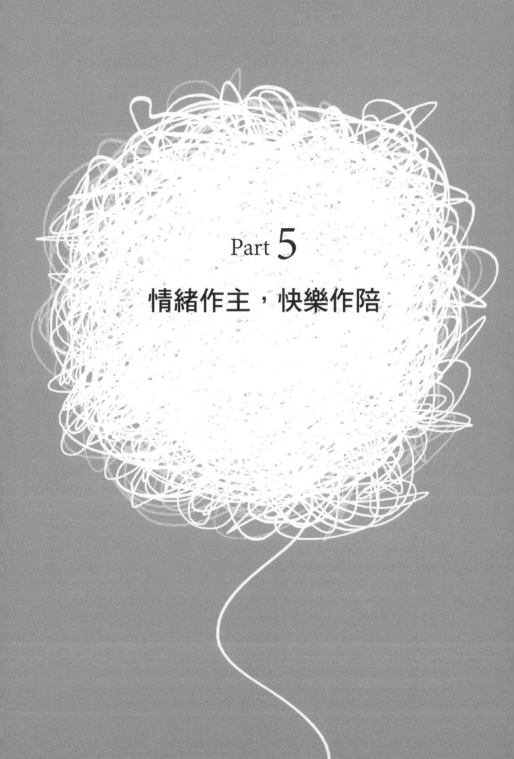

把「我得」變成「我想」

這世上的事情可分成兩種：一種是你想做的，另一種是你必須做的。

我們常看到有人做事無精打采，拖拖拉拉，心不甘，情不願，那是因為「必須做」——因為已經報名，不得不去；因為老師規定，不得不做功課；因為要生活，不得不工作；因為父母生病，不得不照顧；因為怕胖，不得不運動……因為是必須做的，即使輕鬆美好的事，也變成負擔。

你說：「我必須整理房間，如果不整理，會被責罵。」這時內心會有什麼感受？你會覺得負擔，意興闌珊，對嗎？

現在，轉換成：「我想讓房間變得清爽潔淨，煥然一新。」「我想把房間收納整理，減輕媽媽的負擔。」感覺是否不同？

＊

每一項必須做的事，都可以賦予行為一些意義。例如，一個磚塊的搬運工人可以認為自己有一份沉悶乏味的工作，必須把磚塊疊好才能休息；或許，他可以認為自己在為家人謀生，讓他們過好的生活。他也可以認為自己在協助建造一棟房子，建設一個美好的未來。你越能為自己所做的事注入價值，人生就越有意義，更有動力。

一位事業成功的女強人，曾經在某幾年之中，每天早上十點準時到安養中心去探望母親。她早上十點經常有會議要開和客戶約見，但她總會要求更改時間，並且說：「對不起，我必須去探望家母。」

後來，她母親過世了。不久，有人約她早上十點談論公事。她忽然發現自己再也不能探望母親了，情不自禁地想：要是我能再去探望母親一次就好了。從這一刻起，她把「我必須」改成了「我想要」。

＊

覺得生活無趣，做事沒動力嗎？反問自己：「我工作、上學，洗衣、煮飯、接送小孩、料理家務，這一切究竟是為了什麼？我為什麼做這些事？」如果答案是：「因為我必須做。」那你的確活得很沒意義，也沒有成就感。

現在起，把「我得」變成「我想」——

把「我必須完成。」，改成「我想去完成。」

把「我必須幫忙。」，改成「我想去幫忙。」

把「我必須參加。」，改成「我想去參加。」

把負擔變成了一種主動的意願。有意願，才會有動力。

＃絕不要做你不想做的事。如果那件事真的非做不可，那就試著把它變成你想做的事吧！

把「等待的時間」變成「自己的時間」

等待是生活的常態。

等塞車、等紅燈、等人和自己連絡、等人給答覆、等結果發表、等丈夫回家、等老婆出門、等姍姍來遲的公車、等大排長龍的隊伍……生活中有太多不得不的等待。等待讓人無奈，等待讓人焦慮，等待讓人煩躁，等待讓人抓狂。

如果不想等待，你唯一可以做的事就是「不要等」。

換句話說，就是把「等待的時間」變成「自己的時間」。

像我隨身都會帶著書，就算要等一個下午，也無所謂。書讀完了可以做重點、寫心得；如果還有時間，就打開電腦回信、批公文、審企劃書等等；累了就到附近逛逛，看看有什麼奇特有趣的人事物，忙裡偷得半日閒。

＊

不久前，原本跟孩子約好放學的時間，卻因為她臨時有事延誤耽擱，結果注定我得在她校門口等候。「這時間可以做什麼？」有過多次等待的經驗，於是我安然地把車停在路旁，下車散步，在學校後方意外的發現，在像迷宮般的巷弄內藏有幾間日式老房子，還保留舊有的黑瓦屋頂、雨淋板、小舞壁等建築特色，院落空地還有植栽造景，真是人文雅致。

如果在等待中懷著焦躁和無奈，我將一無所獲。

有一個人問禪師：「師父，你總是要我們不要『浪費時間』，可是現代人生活這麼繁忙，很多時候都『身不由己』啊！」

「怎麼說呢？」禪師反問。

那人說：「例如，我每天上班時，都會遇到塞車，不能做其他的事，這些時間不就被白白浪費了嗎？」

禪師微笑地回答：「如果你因為塞車心浮躁，甚至大發雷霆，那段時間當然就浪費了；但是，如果你靜下心來，利用這個時間聽聽音樂、讓頭腦放鬆，不就利用了這段時間嗎？」

*

許多人在車子誤點時，總是頻頻看錶，有些發牢騷，對售票員或站務人員發脾氣，問題是，這樣就會讓車子提早到嗎？當然不會。車子一樣會在它該來的時候到站，而這才是平白浪費美好的時間。

很多時候，我們不是沒有時間等待，不是不能繼續等待，只是因為自己的心太浮躁了。

把心靜下來，試試看等待時可以交談、可以看書、聽聽音樂、背背單字，也可以閉目養神，或是更進階一點，你可以規劃一趟旅行或計畫一個目標。

#等待心靜下來，靜下來，才聽得見天籟；靜下來，才能感受美好；靜下來，才知道自己的人生要什麼。

遠離會消耗你的人

要如何減少負面情緒？首先要遠離負面情緒的人。我們每個情緒的背後都有一個刺激源。不論是憤怒或開心，愛或恨，歡喜或鬱悶，每一場雷雨都源自烏雲。

情緒變化充滿能量，這點很重要。回想我們曾有過生氣或失意，而衝動地捶打牆壁或摔東西發洩的經驗，就可想而知。再如，當我們對人發飆後，會感到虛脫無力，這虛脫無力就是消耗了能量。

當我們和一個情緒化的人在一起，會變得煩躁易怒；接觸負面思考多的朋友，自己會變得不快樂，也是能量的轉換。和沮喪的人相處一陣子，我們也會情緒低落，即便是離開對方很久之後，那個影響還在。某人向你抱怨和譴責，你整個人也會開始散發出同樣的譴責與厭惡。

＊

某天夜裡，一個朋友打電話來，向我抱怨另一個朋友：他婚姻不美滿，家庭有許多問題，最近他常找我喝酒訴苦，我快吃不消；覺得好累，好無力，又不好直接拒絕，要命的是，現在連家人都向我抗議……

他滔滔不絕地說完，已是凌晨一點，最後問道，「你覺得我們該怎麼幫他？」

我告訴他：「我不認為我們幫得上忙。我比較關心的是你，你怎麼幫你自己？」

想解決別人的問題，甚至承擔別人責任而弄得疲憊不堪，是多年來我的親身經歷。之所以會搞得很累，充滿無力感的原因在於，我們無法負責我們不能負的責，我們無法改變不想改變的人。

有時想要拉人一把，拉了半天，不僅拉不起來，自己反被拖了下去。同樣的，將負面情緒帶給別人，除了造成對方的不快，而對方的不快又強化自己的痛苦。非但不會減輕痛苦，反而使情緒更加惡化。不但耗損彼此情誼和精神，也消耗掉在他人眼中的價值與尊嚴。

*

所以，除了遠離消耗你的人，也不要去消耗別人。畢竟，**每個人都有自己的生活要過，都有自己的難題要面對，沒有人可以幫忙煩惱你的煩惱，也沒有人可以解決不是他的問題。**如果無止盡地在同一個問題上打轉。漸漸地，你發現沒有人想跟你連絡，沒有人想聽你說話。大家漸行漸遠，對你要理不理，也就不足為奇。

有句話說得對：「跟著蒼蠅會找到廁所，跟著蜜蜂會找到花朵。」你要遠離使你的能量低落和讓你不快樂的人事物。多交往健康、積極、樂觀開朗的人，並讓自己成為這樣的人。那麼，當別人靠近你時，就會感染到那種快樂向上的感覺，像是花朵盛開一樣，蜜蜂和蝴蝶不請自來。

#情緒的品質將決定你的生活品質。接近正能量的人，會感覺充滿朝氣和活力。跟一個負能量的人在一起，你會變得倦怠和煩躁；常跟一個有問題的人在一起，遲早會出問題。

停止怪罪他人

在我們的周邊，經常聽到這樣的聲音：

「都是你的錯。」

「問題是你造成的。」

「該負責的人是你！」

生活不順遂、心情不好，甚至人生失意時，我們會將自己的不快樂都歸咎到他人頭上。這樣，可以讓自己覺得好受一點，我們不必為自己的行為、問題或心情負全責，但也讓自己成了受害者。因為我們的快樂是掌控在別人的手中，這是我們無法控制的。我們便覺得自己是對現況無能為力，抱怨與憤怒成為我們唯一的選擇。在這樣的狀態下，當然經常不快樂。

所以，如果你常不開心，注意一下，是否落入這種「受害者」的心態。或許是你的配偶做了什麼惹惱了你，或許是你的朋友讓你失望，也或許你孩子不聽你的話……最重要的指標就是聽聽你的話語當中有沒有「怪罪他人」。

＊

有位朋友常悶悶不樂。當我問他生活的不如意，他表示如果周遭的人可以做出改變，心情就會獲得改善。他怪太太和孩子不聽他的話，怪同事總是把工作推給他……他有對自己負責嗎？完全沒有！如果你會責怪某人，就表示你對他有期待，你期待他「應該」如何。不幸地，如果你假定別人能順你的意，能讀你的心思，並且滿足你的需要，那麼便注定了以後要怪罪他們。

你把快樂的責任交到別人手上，如果對方不負責、不配合，你也就不開心。

＊

想活得快樂，就要負起責任。不管你對自己的生活、服務的公司、在一起生活的人有什麼不滿，首先自問：「我做了什麼造成這個錯？」「我怎麼引起這個問題？」「我做了什麼引致他這樣對我？」「我該怎麼改善呢？我為此事能做些什麼？」

做個實驗，觀察看當你停止怪罪他人以後，會發生什麼事情。**當你把焦點放在「別人的錯」，就會一肚子怨氣，產生負面情緒；而當你開始負責，你就把焦點放在解決問題上，而非抱怨上，情緒也隨之好轉。**

我想起美國女星珍妮佛·安妮斯頓（Jennifer Aniston）接受一本時尚雜誌採訪，她說，遇到挫敗打擊後，她會允許自己當一天受害者。過完覺得無能為力、自憐自艾的一天後，第二天起床，就重新主宰現況，扛起自己在問題中該負的責任，就算她的責任只有百分之一也一樣。

這就對了！停止怪罪他人，就從他人身上拿回自己的力量。

#自己的快樂就得自己給，不要期待別人給你，若期待別人給你快樂，最後也會因為別人而不快樂。

壞消息／好消息

李先生三十歲就與世長辭了，出殯時，隔壁太太安慰了李太太一番。

李太太眼淚汪汪的說：

「他生前並沒有真心愛過我，而且留下孩子，以後的日子怎麼過呢！」

「真可憐！」

隔壁的太太則反過來安慰她說：

「這也是不幸中的大幸，如果妳的先生真心愛過妳的話，妳就更慘了！」

任何事都有壞的一面，也有好的一面。凡事盡往好的方面去想。**如果你一時難轉念，有一種以「好消息／壞消息」的公式為架構的練習很有效。**其次序是先講壞消息，然後將它轉變為好消息。舉例來說：

壞消息是青菜有很多蟲，好消息是沒灑太多農藥。
壞消息是網路收訊不良，好消息是孩子無法上網。
壞消息是臉上又冒痘痘，好消息是表示還很年輕。
壞消息是今天電梯要維修，好消息是可以爬樓梯健身。
壞消息是這工作不好做，好消息是很少人跟你競爭。
壞消息是社區整天都停電，好消息是可以把冰淇淋都吃掉。
壞消息是愛人移情別戀，好消息是那個不愛你的人走了。
壞消息是孩子調皮搗蛋，好消息是孩子很健康、有活力。
壞消息是老公跟好友私奔了，好消息是耶誕節要送的禮物可少買兩份。

將這發揮得最淋漓盡致的典範，無疑是丹尼爾・狄福（Daniel Defoe）筆下的魯賓遜。

當他遇到船難，既無助又沒有同伴，也沒有任何獲救的希望。但是魯賓遜對自己說，再怎麼看似無望的情境，都不可絕望。他拿出一枝從擱淺的船上搶救下來的筆，寫下了自己生存現況的利弊。

壞消息：我被沖到一座孤島上，獲救無望；好消息：我還活著，沒有像其他同伴一樣淹死。壞消息：我找不到任何衣服可以穿；好消息：我身在一個熱帶地區，縱使找得到衣服，也幾乎穿不上。其餘以此類推。

他是在自我欺騙嗎？不是，因為好與壞的兩面都是真的。問題只在於你要站在哪一邊。

有一位老阿婆清早去晨運後返家，滿臉不高興，女兒忙問是何原因。

老人家怒氣未消的說那些年輕人太不懂禮貌，「公車上都不起身給我一大把年紀的老人讓位。」

女兒笑道：「要我也不會給妳讓坐，因為妳看起來還很年輕！」老人家一下子開心了，當女兒見她悄悄走去浴室照鏡子時，不由得會心地笑了。

將難堪的處境化為幽默，為困境加上一些明朗的色彩，在最糟的情況下也能看到最好一面，這就是樂觀——也是心境翻轉的第一步。

#人生不是非A即B，而是A、B可以同時並存，甚至A、B都沒了，也可能發現C或D。

雖不如意也可以快樂

我問一個學生：「你快樂嗎？」
他說：「我正在努力，等有一天我就會。」
我說：「你應該一直快樂的，為什麼要等待？」
學生畢業後，我再次問：「你快樂嗎？」
他說：「等我賺到一筆錢時，我就會快樂。」
我說：「何不讓我們跳過那一關，現在就開始快樂吧！」
他笑了！

你原可以快樂，但是你說：「等到我考上學校，等我擁有一百萬我就快樂。」因此在「等到」之前，你將很難快樂，對嗎？

你現在就可以開心，但是你說：「要等我找到理想對象，等到我先生、太太、孩子改變我就開心。」你現在就不可能開心。

喜樂從來都不是追求得來的，它不可能是，**追求快樂，打從一開始，注定是失敗的。因為追求意味著它並不是跟你在一起，如果它已經跟你在一起，你需要去追求嗎？**

快樂更不是等來的。想想，當你等待著有一天人生會如願，有一天待辦事物會完成，有一天身旁的那個人會改變，有一天生活中各種大小問題都會消失，有一天生命的動盪不安會歸於平靜，你已犧牲了多少快樂？

一行禪師必定感觸很深，他說：「我們總是不能活在當下，我們習慣於推向遙遠的，不可知的未來。如果現在這一刻不能好好地活，那麼我們可能終其一生都不曾好好地活。」

快樂並不是在目的地，是旅程中的每一步造就了快樂。如果我們只在乎何時到達目的地，就錯過整條路上沿途的美麗景致。

＊

想快樂，首先要做的就是摒棄「唯有怎樣才快樂」的觀念。就算沒有擁有，還是能享受。摘不到盛開枝頭上的玉蘭花，還是能聞聞花香；如果釣不到魚，還有河岸風景，與草上發亮的露珠。誰說失意時不能欣賞美景或找朋友一起騎車吹風？

有對失業的年輕夫婦，在早市擺攤子，靠微薄的收入維持一家五口的生活。這對夫妻，丈夫喜歡養鳥，妻子喜歡養花。即便失業，鳥籠裡依舊傳出悅耳的鳥啼聲，陽台上的花兒依舊鮮艷奪目。失業後的他們，收入減少許多，卻仍快樂不已，鄰居們都感到相當詫異。

一天，記者去採訪他們。丈夫說：「我們雖然無法改變目前的境況，但是我們可以改變自己的心態。」妻子說：「我們沒了工作，可是不能沒有快樂，如果連快樂都失去了，那活著還有什麼意思？」

雖不如意也可以快樂。挫折時可以快樂、失意的時候可以快樂，甚至生病的時候也可以快樂。**快樂是你自己決定要快樂起來的結果，僅此而已，就這麼簡單。**

#今天是一去永不復返的一天，如果我們非要等到明天才快樂，就會錯過今日的美好。事實上，每一天都是你的生命，為什麼現在不能快樂，要等以後？

美好要融入，煩惱要抽離

都說人生美好，為什麼我感受不到？

因為我們對負面的東西都太投入，對美好的事物又不夠融入。我們很少細心覺察大自然的變化，對周遭美麗的景致常視若無睹；另一方面，我們對生活事件太陷入其中，太把情緒的變化當做真實，以致煩擾和痛苦不斷。

我喜歡爬山，尤其在人生遭遇困頓、低潮的時候，遠眺群山美景，豁然開朗，也就不會把自己侷限在桎梏裡。相反的，動人的音樂旋律，自然風景美不勝收，則要融入其中，不要再掛著心事，才能有心靈愉悅和感動。

*

注意一下，當你與人衝突或受到批評。突然之間，你忿忿不平，你會怎麼去處理內心不平？是不是馬上跳進去，極力為自己辯白或反擊對方？當你處在任何不愉快情緒，比如憤怒、嫉妒、悲傷、抑鬱、仇恨或煩惱，你是不是又跳了進去，沉浸在壞心情，甚至走不出來。

如何學會「抽離」極為重要。把自己跳脫出來，就像站在一座橋上看下面的急流與站在水中體驗激流，兩者是不一樣的。

當你站在水中時，你只看見在你周圍的水。當你生氣時，你只能陷入你的憤怒。而當你在橋上時，你能看到整條溪水，也就是你能夠看見憤怒靠近、流過橋下、然後流向下游，這就是跳脫。

抽離就是讓自己成為旁觀者。不隨著情緒起伏，你只是觀看，看著情緒在流動，情緒升起了，然後平息；快樂來了又去，不快樂也是來了又去。坐禪的道理就在這裡，你只是坐著，什麼事都不做，心就慢慢靜下來。

＊

要體驗美好，則要融入。想和愛侶有美好關係，你不可能人在心不在；你不可能在她向你傾訴的時候，一邊看電視、滑著手機；你不可能跟他在看夕陽的時候，一邊想著工作、想著孩子，還能倘佯在愛的幸福裡。

你看見一朵花，你看了一眼，然後就走開。你沒有停下來好好地欣賞，你沒感覺那朵花的美麗，沒嗅聞到她的芬芳，又怎麼可能感受到那份美？

讓自己更融入一點。坐在一棵樹旁邊，觸碰那棵樹的樹皮，閉起你的眼睛，去感覺樹木裡面的生命。當你躺在草地上，感覺那些青草，感覺那份青翠圍繞在你身旁；去感覺它們的溼度，感覺來自大地的芬芳；當你喝一口茶，去感覺那整座山，那座山林的陽光、空氣和水都進入你的內在……去融入那樣的感覺。光著腳丫，到沙灘上、草地上跑跑或跳跳，感覺你的腳與地面的交流，一旦感覺甦醒過來，你內心的美好也將跟著活了起來。

羅丹說：「美，到處都有，對於我們的眼睛，不是缺少美，而是缺少發現。」是啊！人生美好，你欠缺的只是用心感受。

#在人生的大海，要跳進去才好玩；但如果暗潮洶湧，就要趕快上岸，才不會溺斃。

Part 6

享受慢活，生活更快活

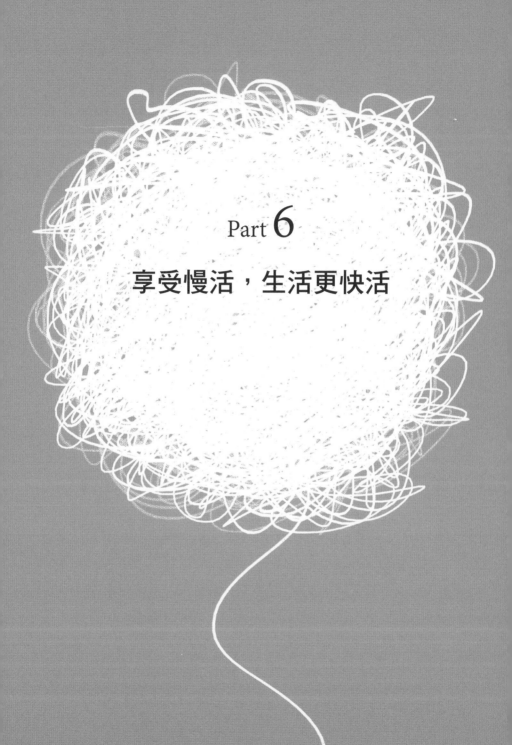

我已經足夠，我覺得很滿足

基本上，人都是追求快樂，對快樂都有某種期待，譬如：「我要賺更多錢……我要考上好大學……我要出國渡假……我想得到升遷……我要老闆的賞識……我希望業績成長一倍……我要孩子成績進步……我要配偶都聽我的……我想換更大的房子……我期望事情都圓滿解決……」

擁有這些渴望，設定目標，或是追求你相信能讓自己快樂的事情，這想法並沒有錯。可是當期待落空，你的內心會有什麼感覺？你就會感到失望、受傷、焦慮、困惑，或是痛苦，對嗎？

當你沒得到想要的東西，就很難快樂。你會覺得少了什麼，除非你填補這個欠缺，你都無法開心。但如此一來，你不但沒有享受和珍惜你所擁有的，你反而一直把時間花在渴求並費盡心力去獲得更多。

許多人以為：只要找到一份好工作，便會快樂。然後他們又認為：要買到自己的房子，就會變得快樂。事實不然，他們仍舊不滿足。他們想換一部新車，添購一組家庭劇院音響；沒多久，他們又有新的期待，他們想擁有山邊的別墅，或是到長灘島度假。就好像上癮一般，過一陣子又需要更多的刺激帶來快樂，但他們依然不快樂。原因很簡單：因為欲望是無止盡的，你永遠有要不完的東西。

想要更多，就會有更多不滿。那就是為什麼希臘大哲伊比鳩魯說：「如果你要使一個人快樂，別增添他的財富，而要減少他的欲望。」

有位先生說得好：「我家的狗有一根骨頭就可以啃得很開心了，牠不會想：我要更多的骨頭，我才滿足；等我得到更多雞塊火腿，我就會快樂。」快樂就在當下，你沒感覺到，是因為要得太多。

我們應該覺得心滿意足地想：「我現在這樣已經很好了，所擁有的東西已經夠多了。」若能抱著感恩和滿足感，我們的心才會更平靜和喜樂。

這並不是說我們不必工作賺錢，不必努力，而是說我們不要有這種心態：「我一定要賺到多少錢才夠，要得到什麼才快樂，不然我就會很悲慘。」我們仍然可以得到所需的東西，但是心態應該不一樣。

當我們心裡這麼想：「上天賜予我的已經夠多。」我們覺得擁有的一切，都是天賜的禮物，就會有富足感。當我們與人相處時，心裡這麼想：「他們對我已經夠好了。」我們的行為必然會更有善意和體貼。當我們心存感恩：「我很滿足於現在的生活，我覺得自己很幸福。」我們內心愈知足，我們就能愈幸福、快樂。

#當你為自己寫下一長串必須達成才能快樂的目標時，你也就放棄了當下便能擁有的滿足。

少一點，簡單點

一直以來人們都有迷思，以為只要是自己喜歡或想要的東西，擁有更多，就會更快樂。事實可能正好相反。

當肚子很餓的時候，有一顆饅頭吃是美味；吃太多反而食不知味。週末放假感覺很棒，但退休天天放假，反而空虛無趣。經濟學家稱之為「邊際效用遞減」：**人從獲得的東西中所得到的滿足感，會隨著所獲得物品的增加而減少**。一個窮人用幾百塊能得到的快樂，當他有錢後，可能要花幾萬塊，甚至幾百萬才能得到同等的快樂。

＊

幾天前，我讀到一個四歲男孩的故事：他有輛藍色的玩具車，愛死了，走到哪裡都要帶著，不時拿出來玩。後來他奶奶見他喜歡，一口氣買了十輛玩具車給他。沒想到，他卻再也不玩那些車子了。「你怎麼不玩了呢？」奶奶問：「你不是很喜歡你那輛藍色的車子嗎？」

「我沒辦法喜歡這麼多車。」他回答。

就像一個小孩平日習慣於玩一個玩具，但在聖誕節當天收到許多新玩具之後，以前的玩具對他而言，就沒有吸引力了。就算偶爾拿出舊玩具，但所能帶來的樂趣，也不似以往所獲得的全然興奮與滿足。

一星期看兩場電影讓我覺得開心，但每天看兩部電影，很可能讓我意志消沉。每次跟朋友聚餐，我總會多喝幾杯酒，這樣熱絡讓我歡樂，然而如果每天都這樣過，很可能變成壓力和負擔。

最早提出這種理論的人是伊比鳩魯：人要節制享受，並不是因為感官享受不好，而是為了要避免過度放縱後，隨之而來的惡果。吃慣重口味的，就變食髓知味。

當我們加更多的鹽、糖、酒、咖啡因及刺激性藥品；以後則需更大量的刺激才能滿足。買第一部豐田汽車時令人欣喜若狂，下一部車必須買凌志才可能得到相同的快樂。**一味縱情享受的人，到頭來，無論得到什麼再珍貴的東西也會覺得索然無味。**

那就是為什麼在世界各地，人們開始倡導擺脫對物質瘋狂的迷戀，重回簡單的生活。

*

梭羅在《湖濱散記》說：「簡單點，簡單點！」他發現：當他生活上的需要簡化到最低的程度，生活反而快樂。因為他已經無需為了滿足更多的欲望而身心疲憊了。

少一點，不是放棄享受，其實是為了提升享受的能力。因為少，所以留出比較多的心靈空間感受美好。諸如可以觸動心弦的瑰麗日落，或是滿天星斗間的一輪明月。

因為簡單，所以享有單純的快樂，即使是孩子的笑臉，徐徐微風，茉莉花茶的芳香，都能感受到幸福。

如此，生活簡簡單單，需求簡簡單單，幸福快樂也就簡簡單單。

#重要的是活出質，而不是追求量。這些年你覺得自己快樂越來越少，很可能不是因為你缺少什麼，而是你擁有越來越多，反而越來越難滿足。

多一點感恩，少一點抱怨

哲學家叔本華說：「我們很少去想已經有的東西，但卻念念不忘得不到的東西。」這話講得真切。**我們大部份的問題都是來自於：沒有以感恩的心來面對自己所擁有一切。因此，不滿遍布於生活各處：**冷氣不夠冷、菜色太差、父母太嘮叨、飲料難喝、出門沒有合適的衣服，為路上塞車發火……卻沒有想過，自己好端端坐在車上。抱怨不但助長了負面情緒，並且對自己所擁有的幸福視而不見。

＊

「我曾經因為沒有鞋穿而哭泣，直到我遇到一個連雙腳都沒有的人。」有位學生到療養院當志工後有感而發。

「看到那療養院中，很多是重度腦性麻痺和植物人，一輩子只能躺在從病床上度過。他們不能說話、不能移動身體，就連吃飯也只能靠鼻胃管灌入流質的食物。當下，我真的覺得自己人生沒什麼好抱怨，也沒有資格抱怨。」

其實，能夠平平安安，就是幸福；能和家人相處在一起，就是幸福；能擁有水、食物、衣服、棲身之所，就是幸福。

在世界各地，每年有六千人死於缺少飲用水，有四千萬的人流離失所，有十億孩童昨晚餓著肚皮入睡。在你閱讀這段話的同時，有人被診斷出罹癌；就在這一分鐘，有人正在醫院與病魔搏鬥；就在這一分鐘，有人發生意外，與家人天人永隔。而我們竟然為了微不足道的小事抱怨。

有位媽媽和五歲的女兒正要過馬路時，一輛卡車闖紅燈左轉，因為陽光太刺眼，駕駛沒看到她們。但這位媽媽看到卡車，而且知道她們將要被撞到。她只能緊緊抱住女兒。卡車駕駛到最後一刻才看到她們，立刻急轉彎，連續撞了幾輛停靠路旁的車子，最後在距離那對母女前方不到一公尺的地方停了下來。那個年輕駕駛簡直嚇壞了，而這位媽媽卻心懷感恩。

「事情很可能演變成另一種結果，我和女兒橫臥街頭，一命嗚呼。生命真是變化莫測。那天我跪下來感謝我們母女得以倖免，從此我對任何事情都存著感恩的心。」

*

感恩，是提醒我們看見擁有的。謝天謝地，感謝我們還活著，才能呼吸空氣；因為我們活著，才能欣賞美景，品嚐美食；因為我們活著，才能感受到快樂與滿足的時刻。

去尋找事物中值得感激的部分，寫下來：身體健康、家庭和樂、活潑的女兒、兩隻可愛的貓咪、許多關心我們的朋友。或是早晨的第一口咖啡、睡前聽一首喜愛的音樂、期待的聚會、嚮往的旅遊……。

對於生活一切美好的事物心存感激，我們的內心會有一股強大的內在滿足感，這就是幸福。

多一點感恩，少一點抱怨，你會發現自己愈來愈幸福。

#我們的不幸就在於，不覺得自己幸福，等有一天失去了才發現。正所謂人在福中不知福，失去福時方知遲。

定期「清垃圾」

今天有空嗎？清理雜物也許是個好主意。

把那些堆積如山的書報、壞的電器、不能穿的鞋子丟掉，把用不到的衣物清出來，或送給舊衣回收。再看看抽屜裡有哪些沒有用的「垃圾」，例如不會走的手錶、過期的處方藥、顏色不喜歡的口紅、生鏽而不能用的老虎鉗和廢電池等。**多留存一件無用的東西，就是多占用一點生活的空間。**

堆積在我們心中無用的「垃圾」何嘗不是？那些陳舊的悲情、不愉快的過往，鬱悶的心情。既然負荷沉重，為什麼不早點丟掉？

《你的人生有多重？》一書作者理察・萊德（Richard J. Leider）

說過一個親身經歷。

有一年，理察和一群好友到東非賽倫蓋蒂平原一帶去探險。當時，正逢東非遭受嚴重的乾旱侵襲。在那趟旅途中，理察隨身帶了一個厚重的背包，裡面塞滿了食具、衣服、指南針、觀星儀、挖掘工具、切割工具、護理藥品等各種瓶瓶罐罐。

有一天，當地擔任嚮導的一位土著在檢視完理察的背包之後，突然問了他一句話：「這些東西會讓你比較快樂嗎？」理察當場愣住了，這是他從未想過的問題。理察開始回頭問自己，結果發現到，有許多東西實在不值得為了背負它，而累壞了自己。

理察決定將自己的背包重新整理，取出一些不必要的東西送給當地村民。接下來的行程，因為背包變輕了，旅途也變得更愉快。從此以後，他學會在人生各階段，定期卸下包袱，隨時尋找減輕負擔的方法，讓自己活得更輕鬆，更自在。

是德川家康說的吧：「人生不過是一場帶著行李的旅行，我們只能不斷向前走，並且沿途拋棄沉重的包袱。」

多數人在人生旅途中都扛著大包小包、雜七雜八的行李。行李可能裝了「垃圾」。**難以丟棄的東西愈來愈多，並不是「惜物」，而是對物品的執著心；對人的情感也一樣。**

所以別忘了每個月定期檢查和清理——刪減一些事物、割捨一些人、丟掉一些雜物……持續這項作業的過程中，你會感覺整個房子變簡潔明亮，空間變得更清新開闊。當你清掉負面的事物和人際關係，內心才能容納更美好的事物，才能夠帶來前進的力量。

引用老印地安人的話：能把對自己意義重大的東西丟棄，生命必可煥然一新。

#解脫其實不難，放下即解脫。物質的捨棄讓你學會放下，心靈的捨棄讓你得到解脫。

放慢腳步，用心感受

一位老師帶著學生去踏青，老師說：

「那邊是棵樹，松鼠，那邊是小草……」

「是的，我看到了。」學生回答。

「但你能感受到它們嗎？」

《小王子》狐狸講了一段很發人深省的話：「這是一個祕密，再簡單不過的祕密：一個人只有用心去看，你才能看見一切。因為，真正重要的東西，只用眼睛是看不見的。」

生活不只需要「觀」，更需要去「感」。因為感受是來自內心，唯有如此，那個感動才會發生。

常聽人說，如果能夠散散步、吹吹風，或是去喝杯咖啡、與人相聚，就很幸福。但是，當我們正在做這些事情時，為什麼沒感受到？

原因就在沒有用心感受。許多生活情趣，只有細細慢慢的品嚐，才能享受個中三昧。唯有放慢腳步，幸福美好才能一點一滴重回心裡。

你看見了嗎？路邊的風鈴木，枝頭上悄悄地開花了？你聽見了嗎？夜的聲音已經由咻咻的風聲，轉為小蟲唧唧的鳴聲？你聞到了嗎？草地的氣味在暖陽撫照後發散陣陣清香？你感覺到嗎？春風吹拂，蝴蝶飛舞，葉子拍打出節奏……

閉起你的眼睛，聽見風聲了嗎？微風吹拂樹葉的聲音是否觸動你的心弦？再聞一聞，是否有一股清新的香味呢？沒錯，是芬多精！

沖一杯咖啡，在你吞下濃縮人生苦澀的滋味之前，先深吸一口咖啡香；然後，進一步感覺那微微的酸苦從舌間滑落，抵達喉根時化為說不出的甘甜。每喝完一口，就再次品嚐到那種苦盡甘來的美好，這就是感受。

用心感受別人對你的好，去體會對方的關心，為你花過的心思，幫過你的忙、付出的心血……想到這裡，怎可能不感到幸福？

＊

有人說：「**你看見幸福的地方，那個地方就有你的幸福；你看不見幸福的地方，那個地方就沒有你的幸福。**」我完全同意。

其實，只要懂得欣賞，一朵花、一片葉、一縷陽光，美無所不在；只要用心感受，早晨的鳥鳴，樹梢上的嫩芽，草上的露珠，雨後的山巒，或是奶奶做的點心，到處充滿驚喜。把腳步慢下來，在落日的餘光中泡一壺茶，在徐來清風中放風箏……你會發現，快樂原來如此簡單，幸福原來這麼近。

#幸福無處不在，我們不需要「尋找」，而是要去「覺知」。清風明月本無價，享用不需花分文。需要的只是時間和心境而已。

我想要，我只要

人一輩子都不斷的在追求，總是想要這，想要那，但你想過自己「最後想要」的是什麼嗎？

曾讀到一篇文章，如果給你一個想像題：在你生命最終時，你「最後想要」的是什麼？

文章中寫道，有個懷孕五個月的媽媽，冒著骨癌的危險，打算生下孩子。就在她做婚前最後一次航海旅程時，她遭遇海難。在生命危急之時，她禱告著：「上帝！我不再跟祢要求什麼了，只求祢讓我的孩子活下去。」

還有一位學者，他抗癌多年，癌細胞奔竄在他的血液裡，肝肺臟裡，骨髓裡，腦子裡。他想：「所有的名利，現在對我來說都是可笑的事情。如果能夠，我願平平靜靜的過日子，寫寫東西，看我的孫女長大，帶她上學。」

*

有句歌詞這麼說：「你不知道自己擁有什麼東西，直到你失去了它。」**每天平平安安，身旁的人都在，我們不懂得珍惜，等有一天生了大病、遇上災難或失去這一切，我們就會突然懷念起以前：「我只希望能回到過去就好」**。

「我常抱怨我媽給我傳太多簡訊，但我現多麼渴望能再收到她傳來的簡訊……」「我突然很懷念我先生（太太）的嘮叨……」、「如果我能再聽到我兒子在看電視咯咯笑就好了……」

今天，我們發現孩子成績一落千丈，就覺得世界末日已經到了。但是明天孩子身體出問題，相比之下，成績算什麼？我們滿心期盼的只要孩子健康就行。進一步檢查，發現是惡性腫瘤，這時候我們又覺得只要孩子能活著就好，其他的我們什麼都可以不要。

一個剛考完段考自殺的學生，他母親在急診室嚎啕大哭：她很後悔，後悔太過嚴厲的逼迫孩子，後悔只用成績評斷孩子的好壞，只是她的孩子再也回不來。

＊

在醫院，我看過意外比一般人多，有在加護病房垂死掙扎的，有在事業巔峰卻突然倒下的，有白髮送黑髮的，有臍帶相連的心肝寶貝撒手而去……我發現，當生命將終了，人們所說的，全都是對親人的不捨，卻完全未提到平日那些別人羨慕和引以為傲的東西。它們，原來是可有可無的！

那些平常自己最難分難捨的重要資產，竟然在最後的道別裡，完全沒有它們的位置。到最後才看清什麼是最重要。所以，別淨是鑽營著要如何升遷、加薪、換車、買大房子。試想，如果某天你發現自己得了重病，這些東西還有那麼重要嗎？

你「最後想要」的是什麼？請為這想像題做一個回答，這會讓你對人生有一個新的認識。

#人的不幸就在「我想要」，幸福的體會是「我只要」。我只要健康平安，我只要你快樂，只要能跟你一起就好，這就是幸福；當你想要更多，你就變得不幸。

不要等為時已晚

你是否覺得，自己還有一輩子的時間可以揮霍？當然，這只是「你自以為」罷了。你絕不可能知道下一刻會發生什麼——只要一場事故、一種疾病，或一次不幸，都可能奪去生命。

最近，我認識的一個朋友，他的弟弟發生車禍，幸運地當時沒有大礙，便以為過了一關，誰知隔沒多久，又罹患流感，隔天病況急轉，人還年輕便走了。

人總以為來日方長，其實人生是減法，見一次，少一次，或許不會再見。有位學生說了一段他自己的故事。那是發生在寒假的事，父親要出國，而他趕著赴朋友約會，他想：「反正寒假還很長，下次見面再說。」匆忙地跟父親說聲再見。他不知道這竟是他們最後一次道別，因為從此他們就沒「再見」了。父親的死，讓他非常後悔。

這樣的故事其實不斷上演。**人生最大的遺憾是，當有一天我們醒悟了，知道如何好好去善待他人時，卻苦無時間或已無機會。**

＊

許多人經常到了「太遲」，才發現自己還有很多事沒有做，有許多話來不及說，這實在是人生最大的遺憾。

幾年前九一一恐怖攻擊事件後，我讀到一則故事：有一位叫麥克的男子，在龐大的建築殘骸前徘徊著，尋找自己的太太，因為他太太自從早上到世貿中心上班之後，就再也沒回來了。麥克在接受新聞訪問的時候，淚眼盈眶地說道：

「如果能回到那慘不忍睹的事件之前多好。我每天總是匆忙趕著上班，根本沒空好好看我太太一眼。如果可以再看我太太一眼，如果我能再抱她一次，如果我能再對她說一聲我愛妳……」

面對突如其來的驟變，你心中是否曾有悔不當初的遺憾？我建議大家，經常細想以下幾個問題：

什麼是你真正想過的生活？

誰是你最後想在一起的人？

什麼遺憾是你最想彌補的？

什麼話是你最想對家人、朋友、對愛人說的？

假如今天是生命中的最後一天，你打算做什麼？

有一位心靈導師說得對：「問題就在於你以為自己還有時間。」但我們並不知道自己還有多少時間，也無法確知親人能否一直健在。

死亡並不是在最後才發生，它已經在發生，只是不知道什麼時候，用什麼方式，找上我們。

所以，如果你想說什麼，想做什麼，現在就去做，不要等到以後，不要等為時已晚。說到這，不得不提到蘋果電腦執行長賈伯斯的睿智之言：**「如果你把每天都當成最後一天來過，總有一天你會證明自己是對的。」**

#要珍惜身旁的人，不要等到失去已太遲了。不要吝於表達和給予——給活人送一朵玫瑰，強過給死人送一車的花圈。

Part 7

別忘了，那個微笑的自己

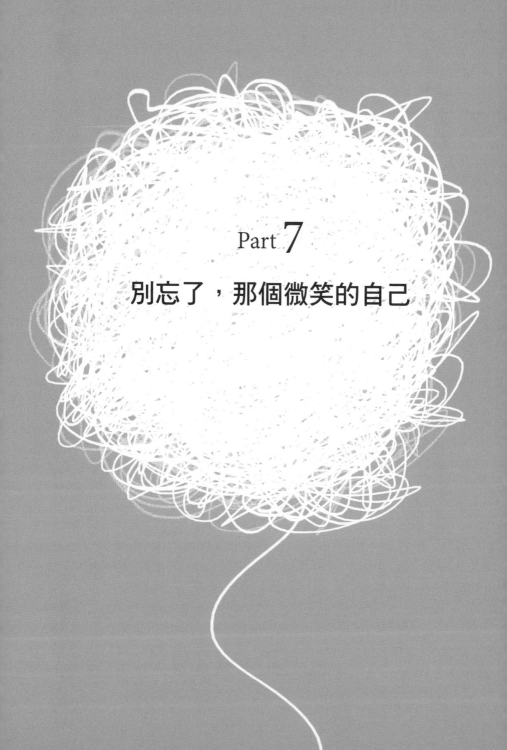

把對方想像成小孩

一位護理師來信：自從和初戀分手以後，我覺得我變了很多、大家也覺得我變了。但是我很討厭現在的自己。已經分手快要一年了吧。現在的我，變得很怕一個人，很討厭一個人。而且面對犯錯，很不能夠原諒，也很容易生氣：對工作、對病人失去耐心。

怎麼樣才能讓我學會寬恕、良善？

當提到良善，在你腦海裡浮現的是什麼呢？有人想到：慈善活動和公益團體，有人想到：是耶穌、佛陀、德雷莎修女。你想到的是什麼人或事，可以以此發心。**每個人的內心都有善的本質，你要做的，就是去找回自己內在的良善，也在別人身上看到他們內在良善的部分。**

*

我們都知道寬恕的重要，可是我們都是凡人，如果，內在小孩覺得被欺負得傷痕累累，的確很難原諒那個傷害我們的人。但如果我們可以看到那個傷害我們的人，也曾是個小孩，就比較容易以同理心看待。

幾乎所有的父母都有相同的經驗，看著孩子熟睡的臉龐，感受到一種清淨單純、油然而生的慈愛。在孩子熟睡當時，我們不必禁止他們吃太多零食，不必因為他們玩手機、電玩而生氣，不必因為他們調皮搗蛋而斥責他們。當他們睡著時，看到他們靈魂的甜美天真。假如我們想引發內在的良善，這是一種很效的練習。

保羅・魯斯金博士（Paul Russkin），在《美國醫藥協會雜誌》寫過一篇文章，文中舉例說明「角色轉換」如何造就心態轉變。他在一次探討老人精神問題的課堂上，把以下的個案唸給學生聽：

這名病患既不會講平常人講的話，也聽不懂。有時她會含糊不清的叨叨講個好幾個小時，對於人、地、時都毫無概念，但是叫她的名字時，她卻有反應。這六個月來都是我在照顧她，但是她依然對外表毫不在意，也不會照料自己。她必須讓人餵食，讓人幫她洗澡、更衣。由於她沒有牙齒，吃的食物必須煮得很爛。她幾乎不斷流口水，身上的衣服經常弄得髒兮兮的。她不會走路，睡眠沒有規律，經常半夜醒來，尖聲哭叫，把人吵醒。大部分時候她很友善，也很快樂，但一天會有好幾次無緣無故發脾氣，大喊大叫，直到有人去安撫她。

唸完這個個案，魯斯金問學生會怎樣照顧這名病患。大部分學生說自己毫無辦法。魯斯金微笑說，「我會把照顧這病人當作享受，而你們一樣可以做到。」學生都感到不可思議。然後魯斯金將那名病患的照片傳閱，原來是他六個月大的女兒。

無疑的，當我們把他人想像成嬰兒或孩子，可以引發我們慈善待人的最佳動機。

#你以為的大人，其實很多都還是小孩。

回想開心、美好的事

你是否也有「想趕快忘掉！」，但卻怎麼都忘不掉的經驗？在你「想忘掉」時，就會不小心想起那些不堪的回憶。你說：「我再也不要去想那個人和那件事……」但當你說「不要想」，你其實已經「在想」了，不是嗎？你越想忘記，就越忘不掉，除非你去想別的事。

大腦不可能同時有兩個想法。你無法想著開心的事，又想厭惡的人。也不可能既相信又懷疑；既痛苦又很快樂；既喜歡又討厭；既抱怨又感激。也就是說，同一時間內你只能想一件事，而你可以一個想法取代另一個。

*

利用「轉移焦點」來將負面想法轉成正面，非常有效。過去十多年來，我在課堂上跟很多人分享過這個技巧，都得到極佳的回應。

當你碰到難過、心煩的事，或是不堪的回憶出現腦海時，即刻對自己說：「停！」你用想的，或以高聲喊出來都可以。然後馬上想像一幕美好的景象，一個開心的回憶。

例如：夏天和朋友一起去海灘戲水玩耍；某個節目的滑稽逗趣；和情人約會的甜蜜浪漫；回憶孩子出生時的感動；令自己感到光榮驕傲的時刻；旅遊的風景美地……回憶那些令自己感到開心、感動、溫馨、放鬆、大笑的時刻。

人的注意的焦點永遠是自己選擇的，如果你行經公園，焦點放在垃圾，喃喃抱怨著到處都是髒亂，心情必定不會快活。當你注意花草樹木，雖然垃圾還在，但感受將全然不同。

記得孩子剛上國中時，常抱怨上課無聊，午餐難吃，所以放學見面時都會問他：「今天上課很無趣嗎？」「今天午餐還很難吃嗎？」久而久之，孩子回想學校生活，大多都是負面的。

後來想想，我決定改口問：「今天在學校有什麼高興或有趣的事？」果然，當焦點轉換，日復一日，孩子對學校生活越來越喜歡。

*

就像度假時「放下」你的問題一樣，當你開始在日常生活中放下問題。這並不表示你忽略問題，而是你不再把這些問題視為人生的全部。

我建議大家可以在紙上寫出：「我喜歡＿＿＿＿＿，因為……」「我開心＿＿＿＿＿，因為……」（如此可訓練我們盡量往好處看），在空格中你可以填入某個人、某件事或某個想法，然後在後面再寫下喜歡和開心的理由，不久你就會驚訝於這方法所帶來的好處。

吵架時，多想想對方的好。挫敗時，回想以前如何絕處逢生。往事不堪回首，就去回想昔日美好的時光。每晚臨睡前，回想今天所發生的三件好事，並把它寫下來，寫下當時開心、美好的感受。笑一笑，睡一覺，煩惱都忘掉。

#豔陽高照就不可能風雨交加。消除心中不愉快最有效的方法，無過於把注意放在愉快的事物上。

對自己感到滿意

「我看起來如何？」是一個我們經常詢問他人的問題。我的外貌如何，穿著如何？不知道他對我感覺如何？人們很在乎別人的看法，總是把外界的觀感當作標竿，卻忽略更重要的問題：「我感覺如何？」其實，我們對自己的看法，遠比外表還重要得多。

你可以觀察一下，在不同的狀況裡，內在的感受是不同的。當你覺得自己很糟的時候，你有不同的感覺；當你充滿自信時，你也有不同感覺。而當你對自己不滿意，你又有不同感覺。當你心裡這樣想：「不要老盯著我瞧」，或「我不化妝實在不能看」，別人怎麼可能對你產生好感？

外表可以裝飾，但感受是裝不了的。別人只能看到外在的你，只有你了解自己的內在；別人無法知道你內心真正的感覺是什麼，只有你自己知道。如果無法打從內心的相信自己是很美很棒的，那麼就算全世界的人都覺得你很美、很棒，你依然會懷疑別人是否是真心的？

我們的自我形象是很強大的。有位整型醫師說，他絕不幫婚姻面臨危機或自尊心嚴重低落的婦女整容，反而會委婉地建議她們去心理諮商，半年後再回來找他。為什麼？因為他不能保證拉皮就能挽救婚姻，也不確定隆乳能幫她們找到理想伴侶。

我不是建議大家不要染髮、化妝、除斑，如果這些方式有益於提升你的自信，請盡情去做。我要說的是，**如果內心沒有轉換，任何事物都不能幫你**。即使，你美得冒泡，或是跟一個完美的對象結婚，但是只要覺得自己不夠好，你就不可能對自己滿意。

＊

＊

以前美國有個雜誌做調查，採訪電視影集「朱門恩怨」裡的女主角，當記者去訪問這些美女的時候，問她們：「妳覺得自己漂不漂亮？」

她們的回答卻是：「不！」，沒有一個女星說：「是的，我對自己很滿意。」

她們不是回答說：「哎呀！如果我哪裡瘦一點，會更好一點。」就是「哪裡高一點會更好一點。」怪不得整容業如此發達。

但我也發現有些明星，雖然外貌不特別突出，卻充滿光采與活力，舉手投足間盡是魅力，有著眾多追求者。為什麼？

原因就在：單靠外表的人只關心自己長得如何，外界如何看待自己的外貌，這是他們自信的來源；但有魅力的人，只是做自己就充滿自信。單有外表的人活在焦慮之中，有魅力的人則無所畏懼。

也許你是個平凡的人，長得普通，沒有好身材，還有不少缺點，那又怎樣？那就去喜愛自己的平凡，接受不完美的自己。**當你對自己**

感到滿意，才看見自己的美好。你可以「當自己當得很自在」，這就是自信。充滿自信別人自然會被你吸引，進而喜歡你，魅力與美麗便隨之而生，不整也有型。

#是否幸福，不是因為你擁有什麼，而是你的內心感覺到什麼。是否自信美麗，不是因為你的衣著妝扮或外貌，而是你內心的感覺是什麼。

保持一顆童心

回想這幾年，最開心的事就是帶孩子出遊。到海邊踏浪、玩沙、嬉戲；在山裡撿木材，升火，煮個熱騰騰的麵食；爬樹、採荔枝，一起當野猴王……會特別開心，我想是因為喚起那份童心。

在每一個人內心深處，都有一個屬於童年的美好回憶，它在我們每一個人心裡。可惜慢慢的長大了，也變嚴肅、變冷漠；擁有更多，卻失去了樂趣，失去歡笑，失去遊戲的心情，童心也漸漸被遺忘。

法國作家聖修伯里的名著《小王子》前言就寫道：「所有的大人都曾是個小孩，只是他們大都忘記了。」

人們總是說童年的時候是最開心，童年時代是歡樂天堂，每個人

都懷念它，到底是什麼在阻止你呢？有誰阻擋你嗎？

要重新拾回你的童年。喚起童心就是再度變成那個小孩；不是看著那個孩子在公園裡面跑，而是成為那個來跑去的小孩。想想看，哪些能喚起你童年的回憶——吃冰淇淋、堆沙、烤地瓜、盪鞦韆，或是瞎猜雲的形狀。當你從事這些活動時，心態要像孩童般投入，才會好玩。試著用孩子的眼光看世界，海灘上的貝殼、夜晚的星辰、土堆上的蟻窩……你將發現處處有驚喜。

將身分擺在一旁，將嚴肅擺在一旁。像孩子一樣，高興就盡情唱歌、跳舞和尖叫；難過就無所忌憚的哭，哭完，就沒事了。不掩飾、不做作，不隱瞞自己的感受，一切自自然然地。自然地表露自己，自然地接受別人的坦言，不用多心也不懂得擔心，自然開心愉悅。

＊

老師：「上星期中，你們做了什麼善事沒有？」

「報告老師，我做了兩件。」強尼很得意的舉手。

「強尼，你做的是什麼善事？」

「上星期六，我到外婆家玩，外婆好高興啊！」

「嗯，很好。那另一件呢？」

「當我準備要回家時，外婆更高興！」

這就孩子最美的一面：天真無邪。

耶穌說：「除非你變得像一個小孩一樣，否則將不可能能進入我的國度。」為什麼？因為童心就是那扇門，而且也只有天真無邪的心才能夠打開那扇門。重拾一顆童心，就是再度回到單純，再度成為小孩，世界就成了歡樂天堂。當你保持那份童心，便能重新連結已經喪失的快樂心態，回到單純快樂的自己。

#小時候，幸福是件很簡單的事；長大後，簡單是件很幸福的事。以成人的心接納生活，以童心面對生活，這樣，生活就簡單快樂。

坦然面對挫折失敗

有人成功，就一定有人失敗，每個人一生中都有一門必修課，那就是面對挫折失敗。當我把自己失敗的經驗分享時，從這些熟識的同事朋友的口中，我發現自己並不孤單。一位同事告訴我，他大一時，曾迷失方向，成績一科死當，三科補考。一位朋友說他歷經創業失敗，慘賠負債，女友又移情別戀；另一位小學時被推到舞臺上，在一大群觀眾面前表演，卻尿濕了褲子，當場大哭。一個接一個，我驚訝，我所認識的這些優秀傑出的人，竟也曾如此不堪。

很顯然，在挫敗之後，我們才會看清自己，才會痛定思痛。所以比起專注追逐成功，我更鼓勵年輕人勇於失敗，能碰到更多挫敗是好事。如果經常失敗，表示你經常嘗試，經常自我挑戰，唯有如此才能迫使自己學習，失敗的經驗往往比成功經驗讓我們成長更多。

*

我們周遭太多人都窩在所謂的舒適圈，過著千篇一律的生活。我並不批判這種生活，假如你過得如魚得水，那真的很棒。但我聽過有太多人困在一灘死水。有人守著不開心的工作；有人抓著一段發爛的感情；有人陷在痛苦的生活哀怨自憐；有人遲遲不敢為實現理想踏出腳步。生命只是重複的無奈和無趣。為什麼不給自己改變的機會呢？

當我這麼說，就有人問：「我怕萬一失敗，該怎麼辦？」「確定可行嗎？」

「不，」我回答：「我不能保證，任何嘗試和改變都是不可預期。」

「既然如此，為什麼要冒這個險？」

這是個好問題。「為了讓你成為一個更好的人！」我說：「**你甘冒這個風險，是為了追尋自己內心深處的願望，是為了活出自己。**」

丹麥神學家齊克果說：「勇於冒險或許會一時失足，卻步不前則會迷失自我。」失敗是成就自我的代價，更是成就高人一等的必經之路。反之，零風險的機會也是零。不敢踏出去，害怕失敗付出的代價更高。

*

我們應該學習坦然面對挫敗，把它當作追夢過程中再稀鬆平常不過的事情，然後專注在每一次失敗的教訓，看看從中學到了什麼。爾後，當你回憶過往，你會感謝自己遇到這些挫折；感謝這些失敗讓你脫胎換骨；感謝這些挫敗造就了鐵打的你。

《哈利波特》作者羅琳（J. K. Rowling）在對哈佛大學演講時，曾經談到失敗的益處：

我畢業後第七年，就經歷過一次「巨大」的失敗。當時，我短暫的婚姻剛結束，沒工作、單親撫養孩子、窮途潦倒，差點就流離失所。我父母當初對我的擔憂、加上我自己對自己的擔憂，一併壓來，那是我一生中最大的失敗。那真不是件好玩的事，是我生命中最黑暗的時期，前途一片渺茫，也不知眼前的黑暗隧道還要走多久。

這是為什麼我要談失敗的報償。因為人在失敗時，我們被扒得一乾二淨……當時若有任何其他希望，我也不可能專心投入我相信自己唯一能做的事。我有一種自由，因為我最大的恐懼已經過了，但我還活著，並且身邊還有個深愛的女兒陪我，有台老打字機、跟一個夢想……失敗，讓我學會認清自己，讓我發現自己有堅強的意志、有不錯的紀律、有一群真的朋友。從失敗中學到的智慧、也更堅強，對自己未來生存的能力更深具信心。

今天，我寫了許多書，讓我有成就感，但沒幾個人知道，我在求學階段曾討厭讀書，成績很差。我要說的是：儘管你現在遭遇很大挫敗，等事過境遷，沒有人會在乎的，沒有人會問你：念國中的時候你物理考幾分？國小參加演講比賽哪段話說得語無倫次？

#你怎麼可能活得充實精彩，同時又避免犯錯？怎麼可能維持同一套作法，過同樣的生活，卻希望人生完全改觀？人生中有些風險是值得接受的，即使是失敗也是有價值的。放手去做吧！

分享喜悅，散播快樂

有什麼是分享了卻不會減少的？快樂！當你分享快樂，它就會變成雙倍甚至更多倍。

你有一整箱玩具，如果只有自己玩，那就只有一個人快樂；如果許多人一起玩，樂趣就會擴展好幾倍。面對滿桌佳餚，只有一個人吃，會覺得冷清孤單，大家一起分享就熱鬧歡樂。正所謂「獨樂樂，不如眾樂樂。」

一個自私的人很難快樂，因為他不懂得什麼叫做分享。他只懂得拿，卻不懂得給，「這對我有什麼好處？」「我想要的是……」這樣的人只想著自身利益，斤斤計較、患得患失。想活得開朗愉悅，就要每天都想一想：「怎樣使別人快樂？」「我能做些什麼，讓世界因我而變得美好？」

你去注意一下，那些業績最好的銷售員都是把客戶利益放在第一位，最有成就的人也是幫助更多的人，最快樂的人必定也帶給別人更多快樂。**當我們能為另一個人付出，卻不求回報時，多半是我們非常快樂的時候，因為我們付出不是只為了「得到」，而在過程更體驗到快樂。**

＊

有一個五十歲的女人，丈夫去世不久，兒子又墜機身亡，她陷入悲傷和自憐，不久得了憂鬱症，甚至產生了自殺的念頭。好心的鄰居帶她去找著名的精神醫學家阿爾弗雷德·阿德勒，問清病情後，阿德勒勸勸她去做能使別人快樂的事。

一個年過半百的人能做些什麼呢？她以前喜歡種花，自從丈夫和兒子去世後，花園都荒蕪了。她聽了阿德勒的勸告後，開始整修花園，施肥澆水，撒下種籽，很快就開出鮮艷的花朵。

從此，她每隔幾天就將親手栽種的鮮花，送給附近醫院的病人。她為醫院的病人帶來了溫馨，換來了一聲聲感謝，她的憂鬱症也跟著痊癒。

她還經常收到病癒者寄來的賀年卡、感謝信，這些也幫助她消除了孤獨感，使她重新獲得人生的喜悅。

只要到花園看看，花開花落，即使再多再美的花終究會凋零。如果分享出去，那麼就會長出更多的新蕾和新花。

所以說，當你分享的時候，不要心存你是給別人「好處」的想法，你是為了你自己。當你給予的時候，受益人是你自己，是他們讓你感覺到自己富足與美好，你應該反過來感謝他們。

＊

你可以藉由很小的事情分享。一個關懷的舉動，就能給人帶來希望；一個激勵的話語，就能讓人積極振作；一個微笑，能給別人帶來愉悅。我認識一位中年婦人，她跟我分享了自己的故事：「我曾因身體病痛十分消沉，抑鬱寡歡。」她告訴我，「後來身體每況愈下，接著婚姻出問題。更糟的是，我已把這種負面想法傳給女兒。不用說，一家愁雲慘霧。這給我很大的教訓。

於是，我下定決心，我要開始給人正面能量。然後我發現，走在路上的時候，如果看見別人對我微笑，心情就會越好。所以我也決定，我要對別人微笑、對世界微笑！每天一早起床我就笑，我對家人笑，在銀行、在路上、在上班都點頭微笑，一開始大家都覺得奇怪，但是久了之後，他們也開始對我微笑了！」

獻花者手留餘香——分享喜悅，散播快樂，你也成了喜悅快樂的人。

#從井裡將水提出來，然後就有更多新鮮的水會湧入你的井裡……豐沛的源頭總是源源不絕。這就是分享——當你給出越多，回來越多。

美好入睡，開心起床

如何開始你的一天，會決定你如何過這一天。

一早醒來，躺在床上想著今天會遇到什麼麻煩事，和一個想著今天將會很美好的人，哪一個人比較容易從床上爬起來面對新的一天？哪一個比較容易享受這新的一天？

我們對生活的態度，可以從面對早晨醒來那一刻看出。通常，早上我們想到的第一件事，有九成以上是前晚入睡前的一些想法。假如你快睡著時想的是錢，早上你的第一個念頭就是錢，你會繼續想著錢。假如你想著是厭惡的人，早上想的就是那個人，不管是什麼……你昨晚最後一個念頭就是早上的第一個念頭，入睡時的心情就是早上醒來時的心情。

*

我們可以說：一件事的開始是另一件事的結束；開始代表早晨，結束代表夜晚。開始和結束是緊密相連的。

每天清晨當你醒來時，你要記住，今天是嶄新的一天，是全新的開始。不要再想一些昨天不愉快或錯誤的事；相反的，集中焦點在你將創造什麼之上。因為這是一天當中最有價值的時刻，而且對往後一整天的品質有深遠的影響。

你要下定決心告訴自己：「今天我要對人更和善，更熱情一點；我要把每件事做得更好；我要分享更多正面能量，我要讓今天過得比昨天好；我要做一件有意義的事情……」如果一早你有智慧來把握住這關鍵時刻，就會發現你的每一天持續以最美好的方式展開。

然後，當夜晚到來，你要感激今天，你要感激所發生的一切，不管好與壞、快樂或不快樂，因為它們都是你的老師。在白天的時候你的心太紛擾，因為你涉入了太多的事情，身心無法安頓，現在你可以靜下來想想今天有什麼愉悅、開心，值得感謝的事。把這個當成睡前的功課，能夠讓這份美好持續到隔天。

*

記住，不要在頭腦裡塞滿電視情節與影像入睡，或是在擔心白天發生過的事情，以及為尚未到來的事焦慮不安；人們老愛胡思亂想，思慮不停地轉來轉去，所以總睡不安穩，甚至難以入睡。

如果你有什麼煩憂鬱悶，睡不好或夢太多，睡前進行三十分鐘的亂語很有效——只要坐在床上，熄燈，然後開始胡亂說，讓聲音出來；不用管內容是什麼，也不管有沒有意義。那只是頭腦的垃圾、噪音。你只要把它們都說出來，釋放頭腦中的混亂能量，淨空頭腦，就能徹夜安眠，隔天自然精神好。

好的結尾可以蘊釀下一個好的開始。如果你能夠帶著祈禱入睡，到了清晨時，你會驚訝發現，清醒的時候也會變成是一種祈禱。帶著幸福美好進入睡眠，你醒過來，先不要張開眼睛，觀察一下，也將感覺到幸福美好。如果想要第二天早上心情平和，前一晚就讓自己的心情平靜，帶著這樣的心情入睡，早上帶著這樣的心情醒來，就會影響一整天。

#晚上入睡時的心境，就是早上醒來時的處境。如何開始你的一天，會決定你如何過這一天。

高寶書版集團
gobooks.com.tw

HL 065
「不需要」就是九成煩惱的解藥

作　　者　何權峰
編　　輯　蘇芳毓
校　　對　翁湘惟
美術編輯　Mint Hsu
排　　版　趙小芳
企　　畫　劉佳澐

發 行 人　朱凱蕾
出　　版　英屬維京群島商高寶國際有限公司台灣分公司
　　　　　Global Group Holdings, Ltd.
地　　址　台北市內湖區洲子街 88 號 3 樓
網　　址　gobooks.com.tw
電　　話　(02) 27992788
電　　郵　readers@gobooks.com.tw（讀者服務部）
　　　　　pr@gobooks.com.tw（公關諮詢部）
傳　　真　出版部 (02) 27990909　行銷部 (02) 27993088
郵政劃撥　19394552
戶　　名　英屬維京群島商高寶國際有限公司台灣分公司
發　　行　希代多媒體書版股份有限公司 /Printed in Taiwan
初版日期：2017 年 1 月

國家圖書館出版品預行編目 (CIP) 資料

「不需要」就是九成煩惱的解藥 / 何權峰著 .
-- 初版 . -- 臺北市 : 高寶國際出版 :
希代多媒體發行 , 2017.1
面；　公分 . -- (生活勵志 ; HL065)

ISBN 978-986-361-381-7(平裝)
1. 修身　2. 生活指導
192.1　　106000049

GOBOOKS & SITAK GROUP ©